CD付

# バッチリ 話せる ドイツ語

すぐに使えるシーン別会話基本表現

本郷 建治
佐藤 彰　監修

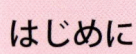

## 「覚えたい！」「使ってみたい！」ドイツ語の表現がバッチリ話せる！使いこなせる！

　ドイツ語の「覚えたい表現」と「使ってみたい表現」を効率的でムダなくマスターできるように，次のような《5つのバッチリ》で構成しました。

❶ **バッチリ！自然なドイツ語の発音とリズムを身につける！**
　PART1 で発音についての基本を解説。本書付属の CD を繰り返し聞き，声を出して発音練習し，自然なドイツ語の発音とリズムを身につけましょう。

❷ **バッチリ！リスニング力をつける！**
　付属の CD を繰り返し聞いてください。とにかく聞きまくることでリスニング力が自然と身につきます。

❸ **バッチリ！ドイツ語ってどんな言葉かスッキリわかる！**
　PART1 でドイツ語の基本の文法を解説。最初は基本の基本だけを頭に入れるだけにし，話すレッスンの中で文法事項は再チェックするのが効率的です。

❹ **バッチリ！日常コミュニケーションが集中的にマスターできる！**
　日常生活で使われる頻度の高い表現を中心に構成。表現はできるだけ簡単で，応用の効くものが中心です。

❺ **バッチリ！ドイツ旅行の必須表現を頭出しパターンでマスター！**
　場面別ドイツ旅行会話では，頭出しパターンに色をつけて覚えやすくしていますから，効率的に話す力がつきます。また，会話の状況が目に浮かぶように，対話形式の構成にも重点をおいています。

　本書で「これでドイツ語はバッチリ決まった！」と実感してください。

# CONTENTS

## PART 1 ●すぐに使える！
## ドイツ語の基本《発音・文法・基本単語》

■発音 ............................................................ 10
◆アルファベート ◆発音の基本 ◆注意すべき母音の読み方
◆二重母音 ◆ウムラウト ◆子音の発音

■ドイツ語の基本文法 ............................................ 16
◆人称代名詞 ◆不規則動詞 ◆名詞の頭文字は大文字
◆冠詞 ◆冠詞類 ◆複数形 ◆人称代名詞の格変化 ◆語順
◆副文 ◆前置詞 ◆助動詞 ◆分離動詞 ◆現在完了形 ◆過去形
◆形容詞 ◆比較級，最上級 ◆命令形 ◆再帰代名詞
◆英語の *it* にあたる es

■日常生活の基本単語 ............................................ 36

## PART 2 ●すぐに話せる！
## ドイツ語の頭出しパターン 15

1.「私は〜です」Ich bin 〜. ........................................ 48
2.「〜をお願いします」〜, bitte. ................................... 49
3.「〜がほしいです」Ich möchte ＋ 名詞． ......................... 50
4.「〜がしたいです」Ich möchte 〜 ＋ 不定詞 ..................... 51
5.「〜はありますか？」Haben Sie ＋ 名詞？ ....................... 52
6.「〜してもいいですか？」Darf ich 〜 ＋ 不定詞？ ............... 53

## C*O*N*T*E*N*T*S

7.「〜していただけますか？」Können Sie 〜＋不定詞？ 54
8.「私は〜できますか？」Kann ich 〜＋不定詞？ 55
9.「〜しなければなりませんか？」Muss ich 〜＋不定詞？ 56
10.「〜しました/〜したことがあります」
　　Ich habe [bin] 〜＋過去分詞 57
11.「どこ？」Wo ＋動詞 〜？ 58
12.「いつ？」Wann ＋動詞 〜？ 59
13.「何？」Was ＋動詞 〜？ 60
14.「どうやって〜？」「どのくらい〜？」Wie (...) ＋動詞 〜？ 61
15.「誰？」Wer ＋動詞 〜？ 62

## PART 3 ●すぐに話せる！
## よく使う基本・日常表現

1. 日常のあいさつ 64
2. 別れぎわの一言 66
3. 感謝する 68
4. あやまる 70
5. 肯定・否定/聞き返す 72
6. 感情を伝える 74
7. 出会い・友だちづくり〈単語…国籍 85〉〈単語…職業 86〉 78
8. ドイツ語, ドイツ 88
9. 趣味 90

## CONTENTS

## PART 4 ●すぐに話せる！
# ドイツ旅行重要フレーズ

- 10. 機内で・空港で……………………………… 94
- 11. 入国審査・税関〈単語…空港・機内 100〉……………… 98
- 12. 移動する〈タクシー〉……………………… 102
- 13. 移動する〈地下鉄・列車・バス〉〈単語…移動する 112〉… 104
- 14. ホテルで〈チェックイン〉………………… 114
- 15. ホテルで〈ルームサービス〉……………… 118
- 16. ホテルで〈困ったとき〉…………………… 122
- 17. ホテルで〈チェックアウト〉〈単語…ホテル 126〉……… 124
- 18. レストランで〈単語…レストラン 140〉…………… 128
- 19. インビス（軽食堂）………………………… 142
- 20. ショッピング〈品物を探す〉……………… 144
- 21. ショッピング〈試してみる〉……………… 146
- 22. ショッピング〈値段交渉と支払い〉〈単語…ショッピング 156〉 152
- 23. 道をたずねる………………………………… 158
- 24. 観光する……………………………………… 162
- 25. 写真を撮る…………………………………… 168
- 26. 観劇・観戦〈単語…観光 174〉〈単語…郵便/電話 175〉…… 170
- 27. 両替する……………………………………… 176
- 28. 郵便局で……………………………………… 178
- 29. 電話で………………………………………… 180
- 30. 盗難・紛失…………………………………… 184
- 31. 病気・診察〈単語…病院・診察 191〉……………… 188

## 本書の活用法

## 《5つのバッチリ》で
## ドイツ語の「話す・聞く」を集中マスター

❶ バッチリ！発音と文法の基本がスッキリとマスター！
❷ バッチリ！聞き取りに慣れる！
❸ バッチリ！頭出しパターンを使って効率マスター！
❹ バッチリ！日常＆旅行の必須表現を速攻マスター！
❺ バッチリ！基本単語がテーマ別に覚えられる！

◆ PART 1
### すぐに使える！
### ドイツ語の基本
《発音・文法・基本単語》

PART1では，最初に知っておきたいドイツ語の基本知識（発音・文法）についてわかりやすく説明しています。最初は，概要を知るだけで大丈夫です。いろいろなフレーズをマスターする中で再チェックする学習が効果的です。また，日常よく使う数字・時刻，曜日，月などの基本単語を紹介しています。

6

## ◆ PART 2
### すぐに話せる！
### ドイツ語頭の出し基本パターン15

PART2では，「～がほしい」とか「～したい」といった相手に伝えたい気持ちの頭出しパターンの一つひとつについて，その使い方を解説するとともに，差し替え例文（ドイツ旅行や日常会話場面でのフレーズ）でそのパターンの使い方になれることができるように工夫しています。この15の頭出しパターンを覚えるだけで，話す力が飛躍的に伸びます。

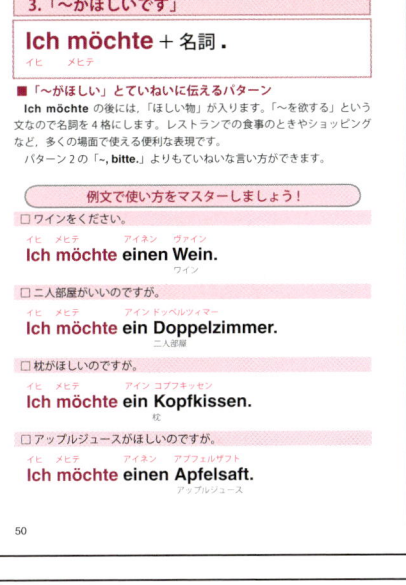

## ◆ PART 3
### すぐに話せる！
### よく使う基本・日常表現

PART3では，あいさつや日常表現などをテーマ別に紹介しています。

基本表現と日常生活で使われる頻度の高いフレーズを中心に構成。

表現はできるだけシンプルで，応用の効くものが中心です。表現に関するポイントをメモ式または注としてアドバイスしています。また，基本パターンのフレーズには，色をつけて覚えやすくしています。

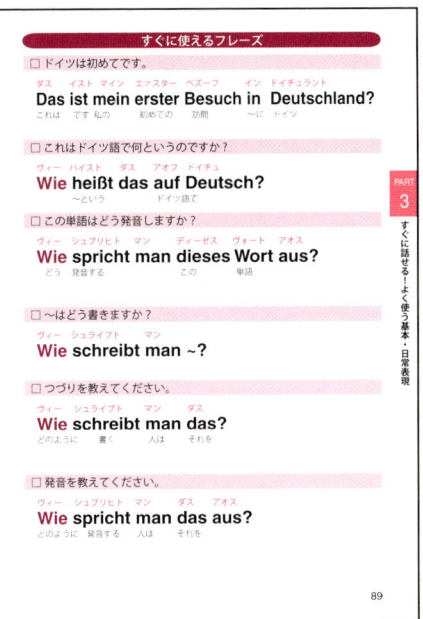

# PART 4
### すぐに話せる！
### ドイツ旅行重要フレーズ

PART4では，ドイツ旅行で役立つフレーズを場面別に豊富に紹介しています。

さらに，必要に応じて表現に関するポイントをメモ式または注としてアドバイスし，ムダのない学習ができるように工夫しています。

最初は使ってみたいフレーズを優先的に覚えましょう。それがドイツ語会話学習が長続きするコツです。

## ◆本書の活用にあたって◆

### ◆本書付属のCDをくり返し聴いてマスターしましょう！

本書では，ドイツ語の入門者の方のために読み方の補助としてカタカナルビをつけました。このルビはあくまでも発音のヒント（発音記号ではありませんから完璧な表記ではないことをお断りしておきます）ですから，付属のCDを繰り返し聴いてマスターしましょう。

そのとき，声を出して練習してください。それが上達の早道です。

また例文の下の訳は，日本語の語順との対応を理解するための補助としてご参照ください。

# すぐに使える！
# ドイツ語の基本
## 〈発音・文法・基本単語〉

# 発音

● アルファベート

| | | | |
|---|---|---|---|
| A a [アー] | B b [ベー] | C c [ツェー] | D d [デー] |
| E e [エー] | F f [エフ] | G g [ゲー] | H h [ハー] |
| I i [イー] | J j [ヨット] | K k [カー] | L l [エル] |
| M m [エム] | N n [エン] | O o [オー] | P p [ペー] |
| Q q [クー] | R r [エル] | S s [エス] | T t [テー] |
| U u [ウー] | V v [ファオ] | W w [ヴェー] | X x [イクス] |
| Y y [イプシロン] | Z z [ツェット] | | |
| Ä ä [エー] | Ö ö [エー] | Ü ü [ユー] | ß [エスツェット] |

# 発　音

## ● 発音の基本

- ドイツ語の単語はほぼローマ字読みです。
- アクセントは原則として第１音節にあります。

**Name**（名前）
ナーメ

## ● 注意すべき母音の読み方

●ドイツ語の母音は日本語よりも大きく口を動かして発音します。eやiは唇を横に強く引き，oやuは唇を丸く前に突き出すようにします。

●アクセントのある母音は，次の子音が１つなら長く，２つ以上なら短く読みます。

**g u t**（良い）
グート

**D a nke**（ありがとう）
ダンケ

**s a gen**（言う）
ザーゲン

**e ssen**（食べる）
エッセン

●同じ母音が並ぶと長母音になります。

**T ee**（紅茶）
テー

**B oo t**（ボート）
ボート

●母音の次の h は発音せず長母音になります。

**se h en**（見る）
ゼーエン

**ge h en**（行く）
ゲーエン

## ● 二重母音

**ei** アイ
**Stein** (石) シュタイン
**Arbeit** (仕事) アルバイト

**au** アオ
**Auge** (目) アオゲ
**Auto** (車) アオトー

**eu/äu** オイ オイ
**Euro** (ユーロ) オイロ
**Deutsch** (ドイツ語) ドイチュ

**träumen** (夢見る) トロイメン
**Kräuter** (ハーブ、薬草) クロイター

**ie** イー
**Bier** (ビール) ビーア
**fliegen** (飛ぶ) フリーゲン

ただし外来語では［イエ］となる。

**Italien** (イタリア) イターリエン
**Familie** (家族) ファミーリエ

## ● ウムラウト

日本語の［エ］と同じ。

**Käse** (チーズ) ケーゼ
**Gelände** (ゲレンデ) ゲレンデ

［オー］と発音するように唇を丸めて［エ］と発音します。

**Köln** (ケルン―地名) ケルン
**Österreich** (オーストリア) エスターライヒ

［ウー］と発音するように唇を丸めて［イ］と発音します。

**fünf** (5) フュンフ
**Tür** (ドア) テューア

発音

## ● 子音の発音

**b, d, g**    音節末では **p, t, k** と同じ発音。

**B**ank（銀行）
バンク

hal**b**（半分）
ハルプ

**d**enken（思う）
デンケン

Aben**d**（晩）
アーベント

**g**ut（良い）
グート

Ta**g**（日）
ターク

**ch**    **a, o, u, au** に続くときは，口の奥で［ハ］，［ホ］と発音。

Ba**ch**（小川）
バッハ

Bu**ch**（本）
ブーフ

それ以外は［ヒ］

i**ch**（私は）
イヒ

e**ch**t（本物の）
エヒト

**-ig**    音節末では，［イヒ］という音になります。

Leipz**ig**（ライプツィヒ）
ライプツィヒ

ruh**ig**（静かな）
ルーイヒ

**chs, x**    ［クス］と発音します。

se**chs**（6）
ゼクス

Ta**x**i（タクシー）
タクスィ

**j**    日本語のヤ行の音です。

**J**apan（日本）
ヤーパン

**j**a（はい）
ヤー

13

| | |
|---|---|
| **pf** | 上の歯を下唇に軽くあてておいてから **p** を発音します。<br>[プフ] という音です。 |
| | **Apfel** (りんご)　　**Kopf** (頭)<br>アプフェル　　　　　コプフ |
| **qu** | [クヴ] という音です。 |
| | **Quelle** (泉)　　**Qualität** (質)<br>クヴェレ　　　　　クヴァリテート |
| **s** | 後ろに母音がくるとザ行の音になります。 |
| | **Salat** (サラダ)　　**sieben** (7)<br>ザラート　　　　　　ズィーベン |
| | それ以外は濁りません。サ行の音です。 |
| | **Test** (試験)　　**Haus** (家)<br>テスト　　　　　ハオス |
| **ss, ß** | 音は濁りません。 |
| | **Wasser** (水)　　**Straße** (通り)<br>ヴァッサー　　　　シュトラーセ |
| **sch** | [シュ] という音です。英語の *sh* に相当します。 |
| | **Englisch** (英語)　　**schön** (美しい)<br>エングリッシュ　　　　シェーン |
| **st, sp** | 語頭では [シュトゥ]，[シュプ] となります。 |
| | **Student** (学生)　　**Post** (郵便局)<br>シュトゥデント　　　ポスト<br>**sprechen** (話す)　　**Hospital** (病院)<br>シュプレッヒェン　　　ホスピタル |

発 音

**tsch** [チュ] という音です。

**Deu**tsch （ドイツ語）
ドイチュ

**tsch**üs （じゃあね）
チュス

**dt, th** t と同じ発音です。

Sta**dt** （町）
シュ**タ**ット

**Th**eater （劇場）
テアーター

**tz, z** [ツ] という音です。

Ka**tz**e （ネコ）
カッ**ツェ**

**Z**ug （列車）
**ツ**ーク

**v** f と同じ [フ] という音です。

**V**ater （父親）
**ファ**ーター

**v**iel （多くの）
**フィ**ール

外来語では濁ります。

**V**ideo （ビデオ）
**ヴィ**ーデオ

Kla**v**ier （ピアノ）
クラ**ヴィ**ーア

**w** 英語の v と同じ [ヴ] という音です。

**W**agen （車）
**ヴァ**ーゲン

**W**ein （ワイン）
**ヴァ**イン

PART 1 すぐに使える！ドイツ語の基本《発音・文法・基本単語》

# ドイツ語の基本文法

## ● 人称代名詞

|  |  | (単数) |  | (複数) |
|---|---|---|---|---|
| 1人称 | 私は | **ich** <br> イヒ | 私たちは | **wir** <br> ヴィーア |
| 2人称 | 君は | **du** <br> ドゥー | 君たちは | **ihr** <br> イーア |
|  | あなたは | **Sie** <br> ズィー | あなた方は | **Sie** <br> ズィー |
| 3人称 | 彼は | **er** <br> エア | 彼らは | **sie** <br> ズィー |
|  | 彼女は | **sie** <br> ズィー | 彼女らは | **sie** <br> ズィー |
|  | それは | **es** <br> エス | それらは | **sie** <br> ズィー |

　2人称には2種類あり，**du** は「親称」といい親子や夫婦，同級生や友人，子供と話すときに用います。**Sie** は「敬称」といい，初対面や目上の人など一般的な相手と話すときに用います。この **Sie** だけは，常に頭文字を大文字で書き，単数も複数も同じ形です。

## ●動詞の変化

　ドイツ語の動詞は人称と単数形か複数形かによって形が変わります。
　辞書の見出しに載っている形を「不定形（不定詞）」といい，語幹と語尾（**-en** あるいは **-n**）からできています。

# ドイツ語の基本文法

**語幹 ＋ 語尾**

**trinken ＝ trink ＋ en** 飲む

ほとんどの動詞は，語幹に次の語尾をつけます。

|  |  | (単数) |  |  | (複数) |  |
|---|---|---|---|---|---|---|
| 1人称 | 私は | **ich** イヒ | **-e** | 私たちは | **wir** ヴィーア | **-en** |
| 2人称 | 君は | **du** ドゥー | **-st** | 君たちは | **ihr** イーア | **-t** |
| | あなたは | **Sie** ズィー | **-en** | あなた方は | **Sie** ズィー | **-en** |
| 3人称 | 彼は | **er** エア | | 彼らは | **sie** ズィー | |
| | 彼女は | **sie** ズィー | **-t** | 彼女らは | **sie** ズィー | **-en** |
| | それは | **es** エス | | それらは | **sie** ズィー | |

● **不規則な例**

発音をしやすくするために，語尾が少し不規則になることがあります。

語幹が **t**，**d** などで終わる動詞では，主語が **du**，**er / sie / es** と **ihr** のとき，語尾の前に **e** を加えます。

**warten：　du　wartest**［ヴァルテスト］
（待つ）　　**er　wartet**［ヴァルテット］
　　　　　　**ihr　wartet**［ヴァルテット］

また，語幹が **s, ss, ß, z, tz** で終わる動詞では，主語が **du** のとき，語尾は **-st** ではなく，**-t** となります。

**reisen: du reist** [ライスト]（ **-s** が重なるのを避けるため。）
（旅行する）

## ● 不規則動詞

主語が **du** と **er / sie / es** のとき，語幹の母音が変化する動詞があります。次の 3 パターンです。

> ❶ a → ä
> ❷ e → i
> ❸ e → ie

❶ **fahren**（乗り物で「行く」）の人称変化
ファーレン

  **ich fahre** 私は（乗り物で）行く
  イヒ　ファーレ

  **du fährst** 君は（乗り物で）行く
  ドゥー　フェーアスト

  **er fährt** 彼は（乗り物で）行く
  エア　フェーアト

❷ **essen**（食べる）の人称変化
エッセン

  **ich esse** 私は食べる
  イヒ　エッセ

  **du isst** 君は食べる
  ドゥー　イスト

  **er isst** 彼は食べる
  エア　イスト

# ドイツ語の基本文法

❸ **lesen**（読む）の人称変化
レーゼン

| | | |
|---|---|---|
| **ich** | **lese** | 私は読む |
| イヒ | レーゼ | |
| **du** | **liest** | 君は読む |
| ドゥー | リースト | |
| **er** | **liest** | 彼は読む |
| エア | リースト | |

## ● 名詞の頭文字は大文字

ドイツ語では，固有名詞だけでなく，名詞の頭文字は文中でもすべて大文字で書きます。

**Ich trinke Bier.** ぼくはビールを飲む。
イヒ　トリンケ　ビーア

## ●名詞には男性名詞，女性名詞，中性名詞がある

ドイツ語の名詞には「男性名詞」，「女性名詞」，「中性名詞」があります。

人間や動物を表す名詞だけでなく，物や事柄を表す名詞も文法上，3つに分かれています。

本書では，男性名詞は *(m)*，女性名詞は *(f)*，中性名詞は *(n)* と表記しています。

**男性名詞** *(m)*
- **Vater**（父親）ファーター
- **Baum**（木）バオム
- **Mut**（勇気）ムート

**女性名詞** *(f)*
- **Mutter**（母親）ムッター
- **Brille**（めがね）ブリレ
- **Freiheit**（自由）フライハイト

**中性名詞** *(n)*
- **Kind**（子供）キント
- **Buch**（本）ブーフ
- **Leben**（生命）レーベン

## ● 冠詞

### ❶ 名詞の性に応じた定冠詞がある

名詞の性(「男性名詞」,「女性名詞」,「中性名詞」)に応じた定冠詞があります。英語の *the* に相当します。複数形では定冠詞はすべて die となります。

| 男性名詞 | **der Vater** (父が) | **der Tisch** (机が) |
|---|---|---|
|  | デア ファーター | デア ティッシュ |
| 女性名詞 | **die Mutter** (母が) | **die Brille** (めがねが) |
|  | ディー ムッター | ディー ブリレ |
| 中性名詞 | **das Kind** (子供が) | **das Buch** (本が) |
|  | ダス キント | ダス ブーフ |
| 複数形 | **die Tische** (机が) | **die Kinder** (子供たちが) |
|  | ディー ティッシェ | ディー キンダー |

### ❷ 定冠詞の格変化

名詞が文の中で果たす役割を「格」といいます。

ドイツ語には主語になる 1 格(〜が, 〜は),所有を表す 2 格(〜の),間接目的語の 3 格(〜に),直接目的語の 4 格(〜を)という4つの格があり,それに応じて冠詞の形が変わります。

|  | 男性 | 女性 | 中性 | 複数 |
|---|---|---|---|---|
| 1 格(〜が) | **der Tisch** | **die Brille** | **das Buch** | **die Kinder** |
|  | デア ティッシュ | ディー ブリレ | ダス ブーフ | ディー キンダー |
| 2 格(〜の) | **des Tisches** | **der Brille** | **des Buchs** | **der Kinder** |
|  | デス ティッシェス | デア ブリレ | デス ブーフス | デア キンダー |
| 3 格(〜に) | **dem Tisch** | **der Brille** | **dem Buch** | **den Kindern** |
|  | デム ティッシュ | デア ブリレ | デム ブーフ | デン キンダーン |
| 4 格(〜を) | **den Tisch** | **die Brille** | **das Buch** | **die Kinder** |
|  | デン ティッシュ | ディー ブリレ | ダス ブーフ | ディー キンダー |

## ドイツ語の基本文法

> 男性・中性単数 2 格には **s**，または **es** がつきます。
> 複数 3 格には **n** がつきます。

### ❸ 不定冠詞

初めて出てきた単数名詞には，定冠詞ではなく不定冠詞をつけます。これは英語の *a* に相当します。

### ❹ 不定冠詞の格変化

不定冠詞も格に従って決まった語尾をとります。

|  | 男性 | 女性 | 中性 | 複数 |
|---|---|---|---|---|
| 1 格 | ein<br>アイン | eine<br>アイネ | ein<br>アイン | ― |
| 2 格 | eines<br>アイネス | einer<br>アイナー | eines<br>アイネス | ― |
| 3 格 | einem<br>アイネム | einer<br>アイナー | einem<br>アイネム | ― |
| 4 格 | einen<br>アイネン | eine<br>アイネ | ein<br>アイン | ― |

## ● 冠詞類

### ❶ 定冠詞類

冠詞とよく似たはたらきをする語を「冠詞類」といいます。冠詞類のなかで定冠詞と似た変化をするものを「定冠詞類」と呼びます。定冠詞類には次のようなものがあります。

**dieser** (この)　　**welcher** (どの)　　**jeder** (おのおのの)
ディーザー　　　　ヴェルヒャー　　　　イェーダー

**aller** (すべての)　**solcher** (そのような)　**mancher** (いくつかの)
アラー　　　　　　ゾルヒャー　　　　　　マンヒャー

## ● dieser（この）の変化

|  | 男性 | 女性 | 中性 | 複数 |
|---|---|---|---|---|
| 1格 | dies**er** ディーザー | dies**e** ディーゼ | dies**es** ディーゼス | dies**e** ディーゼ |
| 2格 | dies**es** ディーゼス | dies**er** ディーザー | dies**es** ディーゼス | dies**er** ディーザー |
| 3格 | dies**em** ディーゼム | dies**er** ディーザー | dies**em** ディーゼム | dies**en** ディーゼン |
| 4格 | dies**en** ディーゼン | dies**e** ディーゼ | dies**es** ディーゼス | dies**e** ディーゼ |

### ❷ 不定冠詞類

冠詞類のうち，不定冠詞と同じような変化をするものを「不定冠詞類」といいます。不定冠詞類には所有冠詞と否定冠詞 **kein**（ひとつも…ない）があります。

## ● 所有冠詞

所有冠詞は「私の」や「あなたの」のように所有を表します。英語の *my* や *your* に当たります。

| **mein** マイン | （私の） | **unser** ウンザー | （私たちの） |
|---|---|---|---|
| **dein** ダイン | （君の） | **euer** オイアー | （君たちの） |
| **Ihr** イーア | （あなたの） | **Ihr** イーア | （あなたたちの） |
| **sein** ザイン | （彼の） | **ihr** イーア | （彼/彼女たちの） |
| **ihr** イーア | （彼女の） | | |
| **sein** ザイン | （それの） | | |

# ドイツ語の基本文法

## ● mein（私の）の変化

不定冠詞とほぼ同じ語尾がつきます。（否定冠詞 kein も同じ変化をします。）

|  | 男性 | 女性 | 中性 | 複数 |
|---|---|---|---|---|
| 1格 | **mein**<br>マイン | **meine**<br>マイネ | **mein**<br>マイン | **meine**<br>マイネ |
| 2格 | **meines**<br>マイネス | **meiner**<br>マイナー | **meines**<br>マイネス | **meiner**<br>マイナー |
| 3格 | **meinem**<br>マイネム | **meiner**<br>マイナー | **meinem**<br>マイネム | **meinen**<br>マイネン |
| 4格 | **meinen**<br>マイネン | **meine**<br>マイネ | **mein**<br>マイン | **meine**<br>マイネ |

## 🔴 複数形

複数形の語尾のつけ方は5種類あります。複数形には性の区別がなく，定冠詞はすべて **die** です。

| | 単数形 | 複数形 | 単数形 | 複数形 |
|---|---|---|---|---|
| 無語尾型 | **der Kuchen**<br>デア クーヘン<br>（ケーキ） | ⇒ **die Kuchen**<br>ディー クーヘン | **der Vater**<br>デア ファーター<br>（父親） | ⇒ **die Väter**<br>ディー フェーター |
| e型 | **der Tisch**<br>デア ティッシュ<br>（机） | ⇒ **die Tische**<br>ディー ティッシェ | **der Stuhl**<br>デア シュトゥール<br>（イス） | ⇒ **die Stühle**<br>ディー シュテューレ |
| er型 | **das Kind**<br>ダス キント<br>（子供） | ⇒ **die Kinder**<br>ディー キンダー | **das Haus**<br>ダス ハオス<br>（家） | ⇒ **die Häuser**<br>ディー ホイザー |
| (e)n型 | **die Uhr**<br>ディー ウーア<br>（時計） | ⇒ **die Uhren**<br>ディー ウーレン | **die Tasche**<br>ディー タッシェ<br>（バッグ） | ⇒ **die Taschen**<br>ディー タッシェン |
| s型 | **das Hotel**<br>ダス ホテル<br>（ホテル） | ⇒ **die Hotels**<br>ディー ホテルス | **die Kamera**<br>ディー カメラ<br>（カメラ） | ⇒ **die Kameras**<br>ディー カメラス |

無語尾型，e型，er型の **a, o, u** にはウムラウト（¨）をつけるものが多い。
無語尾型，e型，er型の3格には複数形に **n** をつけます。

## ● 人称代名詞の格変化

人称代名詞は次のように格変化します（2格はほとんど使いません）。

|  | 私 | 君 | あなた | 彼 | 彼女 | それ | 私たち | 君たち | 彼ら |
|---|---|---|---|---|---|---|---|---|---|
| 1格（〜が） | ich | du | Sie | er | sie | es | wir | ihr | sie |
|  | イヒ | ドゥー | ズィー | エア | ズィー | エス | ヴィーア | イーア | ズィー |
| 3格（〜に） | mir | dir | Ihnen | ihm | ihr | ihm | uns | euch | sie |
|  | ミーア | ディーア | イーネン | イーム | イーア | イーム | ウンス | オィヒ | ズィー |
| 4格（〜を） | mich | dich | Sie | ihn | sie | es | uns | euch | sie |
|  | ミヒ | ディヒ | ズィー | イーン | ズィー | エス | ウンス | オィヒ | ズィー |

## ● 語順

### ❶ 平叙文

動詞は必ず2番目に置きます。

**Ich fahre heute nach Wien.** （私は今日ウィーンに行きます）
イヒ　ファーレ　ホイテ　ナーハ　ヴィーン

この原則を守れば，主語以外の語を文頭に置いてもかまいません。

**Heute fahre ich nach Wien.** （今日，私はウィーンに行きます）
ホイテ　ファーレ　イヒ　ナーハ　ヴィーン

### ❷ 疑問文

主語と動詞をひっくり返します。

**Sie sind Japaner.**　　　　**Sind Sie Japaner?**
ズィー ズィント ヤパーネリン　　ズィント ズィー ヤパーネリン
（あなたは日本人です）　　　（あなたは日本人ですか?）

疑問詞のある疑問文は，疑問詞を始めに，動詞を2番目に置きます。

　疑問詞　　動詞
**Woher kommen Sie?** （どちらの出身ですか?）
ヴォヘーア　コメン　ズィー

## ドイツ語の基本文法

## ● 副文

従属接続詞を伴う副文では，動詞は最後に置かれます。

**Ich komme aus Japan.** （私は日本から来ました）
イヒ　コメ　　アオス　ヤーパン

【副文】 **Wissen Sie, dass ich aus Japan komme?**
　　　　ヴィッセン　ズィー　ダス　イヒ　アオス　ヤーパン　コメ
（私が日本から来たことをあなたは知っていますか？）

＊**dass** は「〜ということ」という従属接続詞。

【副文】 **Wissen Sie, woher ich komme?**
　　　　ヴィッセン　ズィー　ヴォヘーア　イヒ　コメ
（私がどこから来たかあなたは知っていますか？）

「知りません」と否定するときは否定することがらの前に **nicht** [ニヒト] を置きます。

**Ich weiß nicht (, dass Sie aus Japan kommen).**
イヒ　ヴァイス　ニヒト
（私は…を知りません）

### ● 副文を作る主な従属接続詞

| | | | |
|---|---|---|---|
| **als** アルス | （〜した時） | **wenn** ヴェン | （もし〜なら） |
| **bis** ビス | （〜するまで） | **da, weil** ダー　ヴァイル | （〜なので） |
| **dass** ダス | （〜ということ） | **ob** オプ | （〜かどうか） |
| **obwohl** オプヴォール | （〜にもかかわらず） | **nachdem** ナーハデーム | （〜した後で） |
| **während** ヴェーレント | （〜する間） | | |

## ● 前置詞

前置詞はそれぞれ決まった格と結びついて使われ，これを「前置詞の格支配」といいます。

● 2格支配　　**wegen**（〜のために）　　**trotz**（〜にもかかわらず）
　　　　　　　ヴェーゲン　　　　　　　　　トロッツ

　　　　　　　**während**（〜の間に）
　　　　　　　ヴェーレント

● 3格支配　　**aus**（〜の中から）　　**bei**（〜のところで）　　**mit**（〜とともに）
　　　　　　　アオス　　　　　　　　　バイ　　　　　　　　　　ミット

　　　　　　　**nach**（〜の後で，〜へ）　　**seit**（〜以来）
　　　　　　　ナーハ　　　　　　　　　　　ザイト

　　　　　　　**von**（〜から，〜の）　　**zu**（〜へ）
　　　　　　　フォン　　　　　　　　　ツー

● 4格支配　　**durch**（〜を通って）　　**für**（〜のために）
　　　　　　　ドゥルヒ　　　　　　　　フューア

　　　　　　　**gegen**（〜に逆らって）　　**ohne**（〜なしで）　　**um**（〜の回りに）
　　　　　　　ゲーゲン　　　　　　　　　　オーネ　　　　　　　　ウム

● 3・4格支配　**an**（〜の際）　　**auf**（〜の上）　　**hinter**（〜の後ろ）
　　　　　　　アン　　　　　　　アオフ　　　　　　ヒンター

　　　　　　　**in**（〜の中）　　**neben**（〜の隣）　　**über**（〜の上方）
　　　　　　　イン　　　　　　　ネーベン　　　　　　ユーバー

　　　　　　　**unter**（〜の下）　　**vor**（〜の前）　　**zwischen**（〜の間）
　　　　　　　ウンター　　　　　　フォーア　　　　　ツヴィッシェン

3・4格支配の9つの前置詞は，行為が行われる場所や状態を示すときは(3格)，場所の移動や状態の変化を示すときは(4格)と結びつきます。

**Das Buch liegt auf dem Tisch.**　　本が机の上にある。→ 3格
ダス　ブーフ　リークト　アオフ　デム　ティッシュ

**Ich lege das Buch auf den Tisch.**　　私は本を机の上に置く。→ 4格
イヒ　レーゲ　ダス　ブーフ　アオフ　デン　ティッシュ

# ドイツ語の基本文法

## ● 助動詞

英語の *can* や *must* にあたり，「～できる」「～しなければならない」など，文にさまざまなニュアンスを付け加えます。

**dürfen**（～してもよい）
デュルフェン

**können**（～できる）
ケネン

**müssen**（～しなければならない）
ミュッセン

**sollen**（～するべきだ）
ゾレン

**wollen**（～するつもりだ）
ヴォレン

**mögen**（～かもしれない）
メーゲン

**möchte**（～したい）
メヒテ

主語に応じて次の表のように変化します。

| 不定詞 | dürfen | können | müsen | sollen |
|---|---|---|---|---|
|  | デュルフェン | ケネン | ミュッセン | ゾレン |
| ich | darf | kann | muss | soll |
| イヒ | ダルフ | カン | ムス | ゾル |
| du | darfst | kannst | musst | sollst |
| ドゥー | ダルフスト | カンスト | ムスト | ゾルスト |
| er | darf | kann | muss | soll |
| エア | ダルフ | カン | ムス | ゾル |
| wir | dürfen | können | müssen | sollen |
| ヴィーア | デュルフェン | ケネン | ミュッセン | ゾレン |
| ihr | dürft | könnt | müsst | sollt |
| イーア | デュルフト | ケント | ミュスト | ゾルト |
| sie | dürfen | können | müssen | sollen |
| ズィー | デュルフェン | ケネン | ミュッセン | ゾレン |

PART 1　すぐに使える！ドイツ語の基本《発音・文法・基本単語》

| 不定詞 | wollen | mögen | (möchte) |
|---|---|---|---|
|  | ヴォレン | メーゲン | メヒテ |
| ich | will | mag | möchte |
| イヒ | ヴィル | マーク | メヒテ |
| du | willst | magst | möchtest |
| ドゥー | ヴィルスト | マークスト | メヒテスト |
| er | will | mag | möchte |
| エア | ヴィル | マーク | メヒテ |
| wir | wollen | mögen | möchten |
| ヴィーア | ヴォレン | メーゲン | メヒテン |
| ihr | wollt | mögt | möchtet |
| イーア | ヴォルト | メークト | メヒテット |
| sie | wollen | mögen | möchten |
| ズィー | ヴォレン | メーゲン | メヒテン |

助動詞のある文は次のような構造です。

| 主語 | 助動詞 | …… | 不定詞（動詞の原形） |
|---|---|---|---|
| **Ich** | **kann** | **Deutsch** | **sprechen.** |
| イヒ | カン | ドイチュ | シュプレッヒェン |

（私はドイツ語を話すことができます）

## ● 分離動詞

文の中で2つの部分に分けて使われる動詞を分離動詞と言います。

**auf|stehen**（起きる） → **Ich stehe auf.**（私は起きます）
アオフシュテーエン　　　　　　イヒ　シュテーエ　アオフ

**an|rufen**（電話する） → **Ich rufe an.**（私は電話をかけます）
アンルーフェン　　　　　　　　イヒ　ルーフェ　アン

# ドイツ語の基本文法

## ●現在完了形

ドイツ語では，過去のことを表すのには主に「現在完了形」が用いられます。

大部分の動詞は haben + 過去分詞で完了形をつくります。少数ですが sein + 過去分詞でつくるものもあります。

**Ich habe Wein getrunken.**（私はワインを飲みました）
イヒ　ハーベ　ヴァイン　ゲトルンケン

場所の移動や状態の変化を表す動詞は **sein** で完了形をつくります。

**Ich bin nach München gefahren.**（私はミュンヒェンに行きました）
イヒ　ビン　ナーハ　ミュンヒェン　ゲファーレン

### ●過去分詞の作り方

規則動詞　　**ge + 語幹 + t**

machen（〜する）→ ge+mach+t → gemacht
マッヘン　　　　　　　　　　　　　　ゲマハト

不規則動詞　**ge + 語幹 + en**
　　　　　　〈母音が変化〉

trinken（飲む）→ ge+trunk+en → getrunken
トリンケン　　　　　　　　　　　　　ゲトルンケン

分離動詞　　**前つづり + ge + 語幹 + t/en**
　　　　　　〈不規則動詞の場合は母音が変化〉

aufstehen（起きる）→ auf+ge+stand+en → aufgestanden
アオフシュテーエン　　　　　　　　　　　　アオフゲシュタンデン

## ● 過去形

**sein** 及び **haben** が「居る」「持つ」という意味の動詞として使われている文では、現在完了形ではなく、主に過去形が使われます。

| | | |
|---|---|---|
| 【現在形】 | **Ich habe ein Auto.**<br>イヒ ハーベ アイン アオトー | （私は車を持っています） |
| 【現在完了形】 | **Ich habe ein Auto gehabt.**<br>イヒ ハーベ アイン アオトー ゲハープト | （私は車を持っていました） |
| 【過去形】 | **Ich hatte ein Auto.**<br>イヒ ハッテ アイン アオトー | （私は車を持っていました） |
| 【現在形】 | **Ich bin in Tokio.**<br>イヒ ビン イン トキオ | （私は東京にいます） |
| 【現在完了形】 | **Ich bin in Tokio gewesen.**<br>イヒ ビン イントキオ ゲヴェーゼン | （私は東京にいました） |
| 【過去形】 | **Ich war in Tokio.**<br>イヒ ヴァール イントキオ | （私は東京にいました） |

## ● sein と haben の過去人称変化

**sein** の過去は **war** を、**haben** の過去は **hatte** を基本形とし、人称変化語尾をつけます。

| | | |
|---|---|---|
| **ich**<br>イヒ | **war**<br>ヴァール | **hatte**<br>ハッテ |
| **du**<br>ドゥー | **warst**<br>ヴァールスト | **hattest**<br>ハッテスト |
| **er**<br>エア | **war**<br>ヴァール | **hatte**<br>ハッテ |
| **wir**<br>ヴィーア | **waren**<br>ヴァーレン | **hatten**<br>ハッテン |
| **ihr**<br>イーア | **wart**<br>ヴァールト | **hattet**<br>ハッテット |
| **sie**<br>ズィー | **waren**<br>ヴァーレン | **hatten**<br>ハッテン |

# ドイツ語の基本文法

## ●形容詞

名詞を修飾するとき，形容詞には，性，数，格によって決まった語尾がつきます。

### ●冠詞類がない場合（形容詞＋名詞）

|   | 男性<br>（熱いコーヒー） | 女性<br>（冷たい牛乳） | 中性<br>（おいしいビール） | 複数<br>（青い花） |
|---|---|---|---|---|
| 1格 | heißer Kaffee<br>ハイサー カフェー | kalte Milch<br>カルテ ミルヒ | gutes Bier<br>グーテス ビーア | blaue Blumen<br>ブラオエ ブルーメン |
| 2格 | heißen Kaffees<br>ハイセン カフェース | kalter Milch<br>カルター ミルヒ | guten Biers<br>グーテン ビーアス | blauer Blumen<br>ブラオアー ブルーメン |
| 3格 | heißem Kaffee<br>ハイセム カフェー | kalter Milch<br>カルター ミルヒ | gutem Bier<br>グーテム ビーア | blauen Blumen<br>ブラオエン ブルーメン |
| 4格 | heißen Kaffee<br>ハイセン カフェー | kalte Milch<br>カルテ ミルヒ | gutes Bier<br>グーテス ビーア | blaue Blumen<br>ブラオエ ブルーメン |

定冠詞がつかない場合，形容詞に性，数，格を示す語尾がつきます。

### ●der, dieser などの冠詞類がつく場合（定冠詞類＋形容詞＋名詞）

| 男性 1 格 | der große Hund | （その大きな犬） |
|---|---|---|
|  | デア グローセ フント |  |
| 女性 1・4 格 | die kleine Katze | （その小さな猫） |
|  | ディー クライネ カッツェ |  |
| 中性 1・4 格 | das neue Auto | （その新しい車） |
|  | ダス ノイエ アオトー |  |

形容詞が定冠詞とともに用いられる場合には，定冠詞が性，数，格を示してくれるので，形容詞の語尾はずっと単純になります。男性 1 格，女性・中性 1・4 格の語尾が **e** になるほかは，すべて **-en** という語尾がつきます。

31

● **ein, mein** などの不定冠詞類がつく場合（不定冠詞類＋形容詞＋名詞）

| 男性1格 | **ein** | **groß**er | **Hund** | （1匹の大きな犬） |
|---|---|---|---|---|
| | アイン | グローサー | フント | |
| 女性1・4格 | **eine** | **klein**e | **Katze** | （1匹の小さな猫） |
| | アイネ | クライネ | カッツェ | |
| 中性1・4格 | **ein** | **neu**es | **Auto** | （1台の新しい車） |
| | アイン | ノイエス | アオトー | |

不定冠詞に語尾のつかない男性1格と中性1・4格には，格をはっきりさせるために形容詞に語尾がつきます。

## ● 比較級，最上級

| | 原級 | 比較級 | 最上級 |
|---|---|---|---|
| 「小さい」 | **klein** | **klein**er | **klein**st |
| | クライン | クライナー | クラインスト |
| 「古い」 | **alt** | **ält**er | **ält**est |
| | アルト | エルター | エルテスト |
| 「良い」 | **gut** | **besser** | **best** |
| | グート | ベッサー | ベスト |
| 「多い」 | **viel** | **mehr** | **meist** |
| | フィール | メーア | マイスト |
| 「近い」 | **nah** | **n**ä**her** | **nächst** |
| | ナー | ネーアー | ネーヒスト |

● 原級の用法　**so** ＋原級＋ **wie** …「…と同じくらい〜」

**Hans ist so alt wie Peter.** （ハンスはペーターと同い年です）
ハンス　イスト　ゾー　アルト　ヴィー　ペーター

# ドイツ語の基本文法

- **比較級の用法**　比較級 + als ...　「…よりも〜」
  **Monika ist älter als Peter.** （モニカはペーターより年上です）
  モーニカ　イスト　エルター　アルス　ペーター

- **最上級の用法**　am 最上級 + en　「最も〜」
  **Monika ist am ältesten von uns.** （モニカは私たちのなかで一番年上です）
  モーニカ　イスト　アム　エルテステン　フォン　ウンス

名詞を修飾する場合には形容詞に性，数，格を示す語尾がつきます。
**Wo ist der nächste Bahnhof?** （一番近い駅はどこですか？）
ヴォー　イスト　デア　ネーヒステ　　バーンホーフ

## ● 命令形

**du** に対しては「語幹 +e」，**ihr** に対しては「現在人称変化形（語幹 +[e]t）」にして **!** をつけます。

|  | warten<br>ヴァルテン<br>（待ちなさい） | sprechen<br>シュプレッヒェン<br>（話しなさい） | sein<br>ザイン<br>（〜になりなさい） |
|---|---|---|---|
| **du** に対して | warte !<br>ヴァルテ | sprich !<br>シュプリッヒ | sei !<br>ザイ |
| **ihr** に対して | wartet !<br>ヴァルテット | sprecht !<br>シュプレヒト | seid !<br>ザイト |

→ **kommen** や **gehen** などの不規則動詞では **du** に対する命令形は **e** を省いて **komm! / geh!** とします。
→ **e** が **i** または **ie** に変化するタイプの動詞は命令形の場合にも変化させます。

＊敬称の **Sie** に対する命令もありますが，学習をはじめたばかりの今は使わない方がいいでしょう。

## ● 再帰代名詞

主語と同じものを表す代名詞を「再帰代名詞」といいます。「再帰代名詞」は 3，4 格のみです。

### ●再帰代名詞の変化

|  |  | 1 人称<br>ich | 2 人称<br>親称 du | 2 人称<br>敬称 Sie | 3 人称<br>er/sie/es, sie |
|---|---|---|---|---|---|
| 単数 | 3 格 | mir<br>ミーア | dir<br>ディーア | sich<br>ズィヒ | sich<br>ズィヒ |
|  | 4 格 | mich<br>ミヒ | dich<br>ディヒ | sich<br>ズィヒ | sich<br>ズィヒ |
| 複数 | 3 格 | uns<br>ウンス | euch<br>オイヒ | sich<br>ズィヒ | sich<br>ズィヒ |
|  | 4 格 | uns<br>ウンス | euch<br>オイヒ | sich<br>ズィヒ | sich<br>ズィヒ |

### ●再帰動詞

再帰代名詞と結びつけて用いられる動詞を「再帰動詞」といいます。

**setzen**（座らせる）　—　**sich setzen**（自分を座らせる → 座る）
ゼッツェン　　　　　　　　ズィヒ　ゼッツェン

## ● 英語の *it* にあたる es

時刻や自然現象を表現するときに，主語の代わりに文の形をつくる「形式主語の es」があります。

### Es schneit. （雪が降る）
エス　シュ**ナ**イト

### Es regnet. （雨が降る）
エス　**レ**ーグネット

### Es ist 10 Uhr. （10 時です）
エス　**イ**スト　**ツェ**ーン　**ウ**ーア

### Es wird dunkel. （暗くなる）
エス　**ヴィ**ルト　**ド**ゥンケル

### Es brennt! （火事だ）
エス　**ブ**レント

### Es friert mich. （寒いなあ）
エス　**フ**リアート　**ミ**ヒ

### Es hungert mich. （お腹すいたなあ）
エス　**フ**ンガート　**ミ**ヒ

# 【日常生活の基本単語】

## ● 数 【基数】

0 から 10 まで，まず練習しましょう。

21 以上の数字は，1 の位を先にいいます。「1 と 20」は「21」です。「5 と 90」は「95」です。「と」は「**und**（ウント）」といいます。

また「1」は［アインス］と「ス」が付きますが，21, 31, 41 などの場合は，**eins** の **s** は省略します。

| 0 | **null** ヌル | 11 | **elf** エルフ |
| 1 | **eins** アインス | 12 | **zwölf** ツヴェルフ |
| 2 | **zwei** ツヴァイ | 13 | **dreizehn** ドライツェーン |
| 3 | **drei** ドライ | 14 | **vierzehn** フィルツェーン |
| 4 | **vier** フィーア | 15 | **fünfzehn** フュンフツェーン |
| 5 | **fünf** フュンフ | 16 | **sechzehn** ゼヒツェーン |
| 6 | **sechs** ゼックス | 17 | **siebzehn** ズィープツェーン |
| 7 | **sieben** ズィーベン | 18 | **achtzehn** アハツェーン |
| 8 | **acht** アハト | 19 | **neunzehn** ノインツェーン |
| 9 | **neun** ノイン | 20 | **zwanzig** ツヴァンツィヒ |
| 10 | **zehn** ツェーン | 21 | **einundzwanzig** アインウントツヴァンツィヒ |

36

| | | | |
|---|---|---|---|
| 22 | **zweiundzwanzig**<br>ツヴァイウントツヴァンツィヒ | 80 | **achtzig**<br>アハツィヒ |
| 23 | **dreiundzwanzig**<br>ドライウントツヴァンツィヒ | 90 | **neunzig**<br>ノインツィヒ |
| 24 | **vierundzwanzig**<br>フィーアウントツヴァンツィヒ | 100 | **hundert**<br>フンダート |
| 25 | **fünfundzwanzig**<br>フュンフウントツヴァンツィヒ | 101 | **hunderteins**<br>フンダートアインス |
| 26 | **sechsundzwanzig**<br>ゼックスウントツヴァンツィヒ | 200 | **zweihundert**<br>ツヴァイフンダート |
| 27 | **siebenundzwanzig**<br>ズィーベンウントツヴァンツィヒ | 1 000 | **tausend**<br>タオゼント |
| 28 | **achtundzwanzig**<br>アハトウントツヴァンツィヒ | 10 000 | **zehntausend**<br>ツェーンタオゼント |
| 29 | **neunundzwanzig**<br>ノインウントツヴァンツィヒ | 100 000 | **hunderttausend**<br>フンダートタオゼント |
| 30 | **dreißig**<br>ドライスィヒ | | |
| 40 | **vierzig**<br>フィルツィヒ | | |
| 50 | **fünfzig**<br>フュンフツィヒ | | |
| 60 | **sechzig**<br>ゼヒツィヒ | | |
| 70 | **siebzig**<br>ズィープツィヒ | | |

## ● 数【序数】

序数は 19. 以下では「基数＋**t**」，20. 以上では「基数＋**st**」となります。
例外は，1., 3., 7., 8. です。
序数をアラビア数字で書くときには，数字の後ろに ( **.** ) プンクト（ピリオド）を打ちます。序数の印です。

| | | | | |
|---|---|---|---|---|
| 1. | **erst*** <br> エーアスト | | 11. | **elft** <br> エルフト |
| 2. | **zweit** <br> ツヴァイト | | 12. | **zwölft** <br> ツヴェルフト |
| 3. | **dritt*** <br> ドリット | | 13. | **dreizehnt** <br> ドライツェーント |
| 4. | **viert** <br> フィーアト | | 14. | **vierzehnt** <br> フィルツェーント |
| 5. | **fünft** <br> フュンフト | | 15. | **fünfzehnt** <br> フュンフツェーント |
| 6. | **sechst** <br> ゼクスト | | 16. | **sechzehnt** <br> ゼヒツェーント |
| 7. | **siebt*** <br> ズィープト | | 17. | **siebzehnt** <br> ズィープツェーント |
| 8. | **acht*** <br> アハト | | 18. | **achtzehnt** <br> アハツェーント |
| 9. | **neunt** <br> ノイント | | 19. | **neunzehnt** <br> ノインツェーント |
| 10. | **zehnt** <br> ツェーント | | 20. | **zwanzigst** <br> ツヴァンツィヒスト |
| | | | 21. | **einundzwanzigst** <br> アインウントツヴァンツィヒスト |

日常生活の基本単語

## ● 年・月

今月 **diesen Monat** (m) 〔男性名詞〕
ディーゼン　モーナト

来月 **nächsten Monat**
ネーヒステン　　　モーナト

先月 **letzten Monat**
レッツテン　　モーナト

1月 **Januar**
ヤヌアール

2月 **Februar**
フェブルアール

3月 **März**
メルツ

4月 **April**
アプリル

5月 **Mai**
マイ

6月 **Juni**
ユーニ

7月 **Juli**
ユーリ

8月 **August**
アオグスト

9月 **September**
ゼプテンバー

10月 **Oktober**
オクトーバー

11月 **November**
ノヴェンバー

12月 **Dezember**
デツェンバー

▶ 「1月に」は **im** を付けて、
　**im Januar** といいます。
　イム　ヤヌアール

## ● 年

今年 **dieses Jahr** (n) 〔中性名詞〕
ディーゼス　ヤール

来年 **nächstes Jahr**
ネーヒステス　　ヤール

昨年 **letztes Jahr**
レッツテス　ヤール

## ● 曜日

**Welchen Tag haben**
ヴェルヒェン　ターク　ハーベン

**wir heute?**
ヴィーア　ホイテ

（今日は何曜日ですか？）

**Heute ist Sonntag.**
ホイテ　　イスト　ゾンターク

（今日は日曜日です）

▶ 「日曜日に」は **am** を付けて、
　**am Sonntag** といいます。
　アム　ゾンターク

PART 1

すぐに使える！ドイツ語の基本《発音・文法・基本単語》

39

| | | | |
|---|---|---|---|
| 月 | **Montag** モンタ-ク | 一昨日 | **vorgestern** フォアゲスタ-ン |
| 火 | **Dienstag** ディ-ンスタ-ク | 朝に | **morgens** モルゲンス |
| 水 | **Mittwoch** ミットヴォッホ | 昼に | **mittags** ミッタ-クス |
| 木 | **Donnerstag** ドナ-スタ-ク | 晩に | **abends** ア-ベンツ |
| 金 | **Freitag** フライタ-ク | 夜に | **nachts** ナハツ |
| 土 | **Samstag** ザムスタ-ク | | |
| 日 | **Sonntag** ゾンタ-ク | 今週 | **diese Woche** (f) ディ-ゼ ヴォッヘ 〔女性名詞〕|

土曜日はドイツ北部・東部では Sonnabend［ゾンア-ベント］といいます。

| | | | |
|---|---|---|---|
| | | 来週 | **nächste Woche** ネ-ヒステ ヴォッヘ |
| | | 先週 | **letzte Woche** レッツテ ヴォッヘ |
| 昨日 | **gestern** ゲスタ-ン | | |
| 今日 | **heute** ホイテ | | |
| 明日 | **morgen** モルゲン | | |
| 昨日 | **gestern Abend** ゲスタ-ン ア-ベント | | |
| 昨夜 | **gestern Nacht** ゲスタ-ン ナハト | | |

# 日常生活の基本単語

## 🔴 時刻の言い方

| | | |
|---|---|---|
| 午前中に | **vormittags** フォアミッタークス | |
| 正午に | **mittags** ミッタークス | |
| 午後に | **nachmittags** ナハミッタークス | |

時刻表などの【公式の言い方】を覚えておくのが簡単で実用的です。参考までに【日常的な言い方】を小字であげておきます（まるでなぞなぞですが）。

3.10

**3 Uhr 10**
ドライ ウーア ツェーン

**10 nach 3**
ツェーン ナーハ ドライ
10分　3時の後に

3.15

**3 Uhr 15**
ドライ ウーア フュンフツェーン

**Viertel nach 3**
フィアテル　ナーハ　ドライ
4分の1（60分÷4＝15分）
　　　　　　　3時の後に

5.25

**5 Uhr 25**
フュンフ ウーア フュンフウントツヴァンツィヒ

**5 vor halb 6**
フュンフ　フォーア　ハルプ　ゼックス
6時の前半分にあと5分＝5時25分

3.30

**3 Uhr 30**
ドライ　ウーア　ドライスィヒ

**halb 4**
ハルプ　フィーア
4時の前半分＝4時まであと30分＝3時半

3.35

**3 Uhr 35**
ドライ　ウーア　フュンフウントドライスィヒ

**5 nach halb 4**
フュンフ　ナーハ　ハルプ　フィーア
3時半の後に5分＝3時30分＋5分

2.45
# 2 Uhr 45
ツヴァイ ウーア フュンフウントフィルツィヒ

**Viertel vor 3**
フィアテル フォーア ドライ

15分は60分の1/4なので, Viertel（4分の1）といいます。
3時の前15分＝2時45分

3.55
# 3 Uhr 55
ドライ ウーア フュンフウントフュンフツィヒ

**5 vor 4**
フュンフ フォーア フィーア

4時の5分前＝3時55分
20分まではnach（〜分後）, 40分からはvor（〜分前）を使います。

## 🔴 季節と方角・方向

### ●季節

春 **Frühling**
フリューリング

夏 **Sommer**
ゾマー

秋 **Herbst**
ヘルプスト

冬 **Winter**
ヴィンター

季節 **Jahreszeit**
ヤーレスツァイト

▶ 「春に」 im Frühling
イム フリューリング

### ●方角・方向

北 **Nord**
ノルト

南 **Süd**
ズュート

東 **Ost**
オスト

西 **West**
ヴェスト

▶ 「北へ」 nach Norden
ナーハ ノルデン

日常生活の基本単語

| 右 | **rechts** レヒツ |
| 左 | **links** リンクス |
| ここ | **hier** ヒーア |
| あそこ | **dort** ドルト |
| 〜の上に | **über** ユーバー |
| 〜の下に | **unter** ウンター |
| 〜の前に | **vor** フォーア |
| 〜の後ろに | **nach** ナーハ |
| 〜の横に | **neben** ネーベン |
| 〜の間に | **zwischen** ツヴィッシェン |

▶「右に」 nach rechts
　　　　　ナーハ　レヒツ

▶「テーブルの上に」
　　über　den　Tisch
　　ユーバー　デン　ティッシュ

## ● 家族

それぞれの単語の後にある，(m) は男性名詞，(f) は女性名詞，(n) は中性名詞，(pl) は複数名詞を表します。

| 家族 | **Familie** (f) ファミーリエ |
| 夫婦 | **Ehepaar** (n) エーエパール |
| 夫 | **Mann** (m) マン |
| 妻 | **Frau** (f) フラオ |
| 父 | **Vater** (m) ファーター |
| 母 | **Mutter** (f) ムッター |
| 両親 | **Eltern** (pl) エルターン |
| 子供 | **Kind** (n) キント |
| 息子 | **Sohn** (m) ゾーン |
| 娘 | **Tochter** (f) トホター |
| 兄・弟 | **Bruder** (m) ブルーダー |
| 姉・妹 | **Schwester** (f) シュヴェスター |

PART 1

すぐに使える！ドイツ語の基本《発音・文法・基本単語》

| | | | | |
|---|---|---|---|---|
| おじ | **Onkel** (m) オンケル | | 🔴 | **体の部位** |
| おば | **Tante** (f) タンテ | 髪 | **Haar** (n) ハール | |
| おい | **Neffe** (m) ネッフェ | 顔 | **Gesicht** (n) ゲズィヒト | |
| めい | **Nichte** (f) ニヒテ | 頭 | **Kopf** (m) コプフ | |
| 従兄弟 | **Vetter** (m) フェッター | 額 | **Stirn** (f) シュティルン | |
| 従姉妹 | **Cousine** (f) クズィーネ | 耳 | **Ohr** (n) オーア | |
| 祖父 | **Großvater** (m) グロースファーター | まゆ毛 | **Augenbraue** (f) アオゲンブラオエ | |
| 祖母 | **Großmutter** (f) グロースムッター | 目 | **Auge** (n) アオゲ | |
| 祖父母 | **Großeltern** (pl) グロースエルターン | 鼻 | **Nase** (f) ナーゼ | |
| 孫 | **Enkelkind** (n) エンケルキント | 口 | **Mund** (m) ムント | |

英語などと同じく，ドイツ語でもふつう兄弟，姉妹を年上か年下かで区別しません。男性なら兄も弟も **Bruder**，女性なら姉も妹も **Schwester** です。「ご兄弟がいますか？」とたずねる場合は，男女の区別のない **Geschwister** を用います。

**Haben Sie Geschwister?**
ハーベン　ズィー　ゲシュヴィスター
（兄弟姉妹はいらっしゃいますか？）

| | |
|---|---|
| 歯 | **Zahn** (m) ツァーン |
| あご | **Kinn** (n) キン |
| のど | **Kehle** (f) ケーレ |
| 首 | **Hals** (m) ハルス |

# 日常生活の基本単語

| 肩 | **Schulter** (f)<br>シュルター |
| 腕 | **Arm** (m)<br>アルム |
| ひじ | **Ellbogen** (m)<br>エルボーゲン |
| 手 | **Hand** (f)<br>ハント |
| 指 | **Finger** (m)<br>フィンガー |
| 背中 | **Rücken** (m)<br>リュッケン |
| 胸 | **Brust** (f)<br>ブルスト |
| 腰 | **Hüfte** (f)<br>ヒュフテ |
| 腹 | **Bauch** (m)<br>バオホ |
| ひざ | **Knie** (n)<br>クニー |
| 脚 | **Bein** (n)<br>バイン |
| 足 | **Fuß** (m)<br>フース |
| 唇 | **Lippe** (f)<br>リッペ |
| 舌 | **Zunge** (f)<br>ツンゲ |
| 爪 | **Nagel** (m)<br>ナーゲル |
| へそ | **Nabel** (m)<br>ナーベル |
| 尻 | **Gesäß** (n)<br>ゲゼース |
| もも | **Oberschenkel** (m)<br>オーバーシェンケル |

## ● 色

| 色 | **Farbe** (f)<br>ファルベ |
| 白 | **weiß**<br>ヴァイス |
| 黒 | **schwarz**<br>シュヴァルツ |
| 赤 | **rot**<br>ロート |
| 黄色 | **gelb**<br>ゲルプ |
| 茶色 | **braun**<br>ブラオン |
| 緑 | **grün**<br>グリューン |
| 青 | **blau**<br>ブラオ |
| グレー | **grau**<br>グラオ |

PART 1 すぐに使える！ドイツ語の基本《発音・文法・基本単語》

| | | |
|---|---|---|
| ベージュ | **beige** ベージェ | |
| ピンク | **rosa** ローザ | (Kirschrot) |
| 紫 | **violett** ヴィオレット | |
| オレンジ | **orange** オラーンジェ | |

色を表す言葉に，**hell**［ヘル］（明るい）をつけると「明るい〜色」，**dunkel**［ドゥンケル］（暗い）をつけると「暗い〜色」になります。

**hellblau** （水色）
ヘルブラオ

**dunkelblau** （紺色）
ドゥンケルブラオ

# PART 2

## すぐに話せる！ドイツ語の頭出しパターン15

## 1.「私は〜です」

# Ich bin ~.
イヒ　　ビン

### ■自己紹介をするときのパターン

初対面でのあいさつと自己紹介の表現は，さっと言えるようにしておきましょう。**Ich bin**［イヒ ビン］の後には，名前や職業，国籍だけでなく形容詞も入ります。職業，国籍には男性形と女性形があります。

相手のことをたずねるときは，**Sind Sie ~?**

### 例文で使い方をマスターしましょう！

□ ぼくは学生です。

イヒ　ビン　シュトゥデント
**Ich bin Student.**
　　　　　学生

*女性形は Studentin*

□ 私は会社員です。

イヒ　ビン　アンゲシュテルテ
**Ich bin Angestellte.**
　　　　　会社員

*男性形は Angestellter*

□ 私は主婦です。

イヒ　ビン　ハオスフラオ
**Ich bin Hausfrau.**
　　　　　主婦

□ 私は疲れています。

イヒ　ビン　ミューデ
**Ich bin müde.**
　　　　　疲れている

## 2.「～をお願いします」

# ～, bitte.
ビッテ

### ■相手に何かをお願いするときのパターン

　ほしい物の後や，してほしいことの前か後に **bitte**［ビッテ］を付けるだけで「～をお願いします」と伝えることができます。レストランでの食事のときやショッピングなど，多くの場面で使える便利な表現です。**bitte** は英語の *please* に相当します。

### 例文で使い方をマスターしましょう！

□ ミネラルウォーターをください。

アイン　ミネラールヴァッサー　　　ビッテ
# Ein Mineralwasser, bitte.
　　　ミネラルウォーター

□ グラスワインを一杯お願いします。

アイン　グラース　ヴァイン　　ビッテ
# Ein Glas Wein, bitte.
　　グラス　　ワイン

□ 1日券をください。

アイネ　　ターゲスカルテ　　ビッテ
# Eine Tageskarte, bitte.
　　　一日券

□ 国立博物館までお願いします。

ツム　　ナツィオナールムゼーウム　　ビッテ
# Zum Nationalmuseum, bitte.
　～へ　　国立博物館

## 3.「〜がほしいです」

### Ich möchte + 名詞.
イヒ　　メヒテ

■「〜がほしい」とていねいに伝えるパターン

　**Ich möchte** の後には、「ほしい物」が入ります。「〜を欲する」という文なので名詞を4格にします。レストランでの食事のときやショッピングなど、多くの場面で使える便利な表現です。
　パターン2の「~, bitte.」よりもていねいな言い方ができます。

> 例文で使い方をマスターしましょう！

□ ワインをください。

イヒ　メヒテ　　　アイネン　　ヴァイン
### Ich möchte einen Wein.
　　　　　　　　　　　　ワイン

□ 二人部屋がいいのですが。

イヒ　メヒテ　　　アイン ドッペル ツィマー
### Ich möchte ein Doppelzimmer.
　　　　　　　　　　　　　　二人部屋

□ 枕がほしいのですが。

イヒ　メヒテ　　　アイン　コプフキッセン
### Ich möchte ein Kopfkissen.
　　　　　　　　　　　　　枕

□ アップルジュースがほしいのですが。

イヒ　メヒテ　　　アイネン　　アプフェルザフト
### Ich möchte einen Apfelsaft.
　　　　　　　　　　　　アップルジュース

## 4.「〜がしたいです」

### Ich möchte 〜 ＋ 不定詞 .
イヒ　　メヒテ

■「〜がしたい」とていねいに伝えるパターン

　**Ich möchte ＋不定詞（動詞の原形）**で，「買いたい」，「両替したい」，「見たい」といった表現ができます。

　**möchte**［メヒテ］は助動詞なので，不定詞（動詞の原形）は文末におきます。その他の要素は，助動詞と不定詞の間に入れます。

**例文で使い方をマスターしましょう！**

☐ 現金で支払いたいのですが。

イヒ　　メヒテ　　　　バー　　ベツァーレン
### Ich möchte bar bezahlen.
　　　　　　　　　　　現金で　支払う

☐ 両替をしたいのですが。

イヒ　　メヒテ　　　　ゲルト　　ヴェクセルン
### Ich möchte Geld wechseln.
　　　　　　　　　　　お金　　　両替する

☐ コンサートに行きたいのですが。

イヒ　　メヒテ　　　　インス コンツェルト　　ゲーエン
### Ich möchte ins Konzert gehen.
　　　　　　　　　　　〜へ　コンサート　　　行く

☐ 予約をしたいのですが。

イヒ　　メヒテ　　　　ゲルネ　　レゼァヴィーレン
### Ich möchte gerne reservieren.
　　　　　　　　　　　喜んで　　予約する

## 5.「〜はありますか？」

### Haben Sie + 名詞 ?
ハーベン　　ズィー

■「ほしいものがあるか」と尋ねるときのパターン

Haben Sie ＋ほしい物？のパターンです。haben は「〜を持っている」という意味。ショッピングやレストランなどで探している物やほしい物があるかどうかを尋ねるときに使えるパターンです。また、「〜がある」は es gibt ＋4格で表せます。英語の there is[are] にあたる表現です。

**例文で使い方をマスターしましょう！**

☐ バスの路線図はありますか？

ハーベン　　ズィー　アイネン　　ブスリーニエン プラーン
**Haben Sie einen Buslinienplan?**
　　　　　　　　　　　バスの路線図

☐ もう少し安いのはありますか？

ハーベン　　ズィー　エトヴァス　　ビリゲレス
**Haben Sie etwas billigeres?**
　　　　　　　　　　　　　より安いもの

☐ もっと小さいのはありますか？

ハーベン　　ズィー ダス　　ノッホ　　エトヴァス　クライナー
**Haben Sie das noch etwas kleiner?**
　　　　　　　もう　　少し　　　　小さい

☐ お時間はありますか？

ハーベン　　ズィー ツァイト
**Haben Sie Zeit?**
　　　　　　　時間

52

## 6.「〜してもいいですか？」

### Darf ich 〜 ＋不定詞？
ダルフ　イヒ

■相手に許可を求めるときに用いるパターン

　**Darf ich ＋不定詞（動詞の原形）？** で「〜してもいいですか？」と自分の行動の許可を相手に求めることができます。

　**darf**［ダルフ］は助動詞なので，不定詞（動詞の原形）は<u>文末</u>におきます。その他の要素は，助動詞と不定詞の間に入れます。

**例文で使い方をマスターしましょう！**

☐ ドアを閉めてもいいですか？

ダルフ　イヒ　ディー　テューア　シュリーセン
**Darf ich die Tür schließen?**
　　　　　　　ドア　　　閉める

☐ ちょっと話しかけてもいいですか？

ダルフ　イヒ　ズィー　クァツ　シュテーレン
**Darf ich Sie kurz stören?**
　　　　　　　　　短時間　邪魔をする

☐ もう行ってもいいですか？

ダルフ　イヒ　イェッツト　ゲーエン
**Darf ich jetzt gehen?**
　　　　　　　今　　　行く

☐ 写真を撮ってもいいですか？

ダルフ　イヒ　フォトグラフィーレン
**Darf ich fotografieren?**
　　　　　　　写真を撮る

## 7.「〜していただけますか？」

## Können Sie 〜 ＋ 不定詞 ？
ケネン　　　　　ズィー

■人に何かを依頼するときのパターン

**Können Sie 〜 ＋不定詞（動詞の原形）？** は，頼みごと（依頼）をするときのていねいな言い方です。

**können** [ケネン] は助動詞なので，不定詞（動詞の原形）は文末におきます。その他の要素は，助動詞と不定詞の間に入れます。

### 例文で使い方をマスターしましょう！

□ タクシーを呼んでいただけますか？

ケネン　　　　ズィー　ビッテ　　アイン　タクスィー　ルーフェン
**Können Sie bitte ein Taxi rufen?**
　　　　　　　　　　お願いします　　タクシー　　呼ぶ

□ 見せていただけますか？

ケネン　　　　ズィー　ミーア　ダス　　ツァイゲン
**Können Sie mir das zeigen?**
　　　　　　　　　私に　　　　　見せる

□ おすすめの物はありますか？

ケネン　　　　ズィー　ミーア　エトヴァス　エンプフェーレン
**Können Sie mir etwas empfehlen?**
　　　　　　　　　私に　　何か　　　すすめる

□ 両替していただけますか？

ケネン　　　　ズィー　ヴェクセルン
**Können Sie wechseln?**
　　　　　　　　両替する

## 8.「私は〜できますか？」

# Kann ich 〜 ＋ 不定詞 ？
　カン　　　イヒ

### ■ 人に許可を求めたり，可能かどうかを尋ねるパターン

　**Kann ich〜＋不定詞（動詞の原形）？** で「私は〜できますか？」と，自分の行動の許可を相手に求めたり，それが可能かどうかを尋ねられます。

　**kann**［カン］は助動詞なので，不定詞（動詞の原形）は文末におきます。その他の要素は，助動詞と不定詞の間に入れます。

### 例文で使い方をマスターしましょう！

□ クレジットカードで支払えますか？

カン　　イヒ　　ミット　クレディートカルテ　　　ツァーレン
**Kann ich mit Kreditkarte zahlen?**
　　　　　　　クレジットカードで　　　　　　支払う

□ 領収書をもらえますか？

カン　　イヒ　　ビッテ　　アイネ　　クヴィットゥング　ハーベン
**Kann ich bitte eine Quittung haben?**
　　　　　　　お願いする　　　　　領収書　　　　　持つ

□ 入ってもいいですか？

カン　　イヒ　ヒナインゲーエン
**Kann ich hineingehen?**
　　　　　　　入る

□ 残りを持ち帰りにできますか？

カン　　イヒ　　デン　　レスト　　ミットネーメン
**Kann ich den Rest mitnehmen?**
　　　　　　　　　残り　　持って帰る

55

## 9.「〜しなければなりませんか？」

### Muss ich 〜 + 不定詞？
ムス　　　イヒ

■「〜しなくてはいけませんか？」と尋ねるときのパターン

　Muss ich 〜 + 不定詞（動詞の原形）? で「〜しなければなりませんか？」「〜する必要がありますか？」と尋ねることができます。

　müssen［ミュッセン］は助動詞なので，不定詞（動詞の原形）は文末におきます。その他の要素は，助動詞と不定詞の間に入れます。

### 例文で使い方をマスターしましょう！

□ 乗り換える必要はありますか？

ムス　　イヒ　　ウムシュタイゲン
**Muss ich umsteigen?**
　　　　　　　乗り換える

□ このバスに乗ればいいのですか？

ムス　　イヒ　ディーゼン　　ブス　　ネーメン
**Muss ich diesen Bus nehmen?**
　　　　　　　この　　　バス　乗る

□ この薬を飲まなければなりませんか？

ムス　　イヒ　ディーゼス　メディカメント　　　アインネーメン
**Muss ich dieses Medikament einnehmen?**
　　　　　　　この　　　薬　　　　　　飲む

□ 席を予約しなくてはいけませんか？

ムス　　イヒ　　アイネン　ティッシュ　レゼァヴィーレン
**Muss ich einen Tisch reservieren?**
　　　　　　　　　テーブル　予約する

56

## 10.「〜しました / 〜したことがあります」

# Ich habe [bin] 〜 ＋ 過去分詞 .
イヒ　　ハーベ　　　ビン

■過去のできごとや体験を表現するパターン

**Ich habe [bin] 〜 ＋ 過去分詞 .** で「〜しました / 〜したことがあります」と過去のことを表現することができます。

2番目に完了助動詞の **habe [bin]**，文末に動詞の過去分詞を置くのがポイント。その他の要素は **habe** と動詞の過去分詞の間に入れて文を作ります。

### 例文で使い方をマスターしましょう！

□ 切符をなくしました。

イヒ　　ハーベ　　マイン　　ティケット　　フェアローレン
**Ich habe mein Ticket verloren.**
　　　　　　　私の　　　切符　　　　なくす

□ とても楽しかったです。

イヒ　　ハーベ　　ミヒ　　　ゼーア　　グート　ウンターハルテン
**Ich habe mich sehr gut unterhalten.**
　　　　　　　私を　　　とても　よく　楽しませる

□ 私は昨夜，劇場に行きました。

イヒ　ビン　　ゲスターン　　アーベント　　インス　テアーター　　ゲガンゲン
**Ich bin gestern Abend ins Theater gegangen.**
　　　　　昨日の　　　　晩　　　〜に　劇場　　　　行く

□ もう昼食を食べました。

イヒ　　ハーベ　　ショーン　　ツー　ミッターク　ゲゲッセン
**Ich habe schon zu Mittag gegessen.**
　　　　　　すでに　　　　　昼食をとる

## 11.「どこ？」

### Wo + 動詞 ~?
ヴォー

■知りたい「場所」について尋ねるパターン

**wo**［ヴォー］は「どこ」という疑問詞です。英語の *where* に相当します。動詞の後ろ（〜）には「聞きたい場所」が入ります。

### 例文で使い方をマスターしましょう！

□ いちばん近い地下鉄の駅はどこですか？

ヴォー　イスト　ディー　ネーヒステ　　　ウーバーン　シュタツィオーン
**Wo ist die nächste U-Bahnstation?**
　　　　　　　　いちばん近い　　　地下鉄の駅

□ 私の席はどこですか？

ヴォー　イスト　マイン　　プラッツ
**Wo ist mein Platz?**
　　　　　　　私の　　席

□ 手荷物受取所はどこですか？

ヴォー　イスト　ディー　ゲペック　アオスガーベ
**Wo ist die Gepäckausgabe?**
　　　　　　　　　　手荷物受取所

□ タクシー乗り場はどこですか？

ヴォー　イスト　デア　タクスィシュタント
**Wo ist der Taxistand?**
　　　　　　　　タクシー乗り場

58

## 12.「いつ？」

# Wann + 動詞 ~?
ヴァン

■ 知りたい「時」について尋ねるパターン

wann [ヴァン] は「いつ」という疑問詞です。英語の *when* に相当します。動詞の後ろ（~）には「聞きたい時」が入ります。

### 例文で使い方をマスターしましょう！

□ いつお店は閉まりますか？

ヴァン　　マッヘン　　ディー ゲシェフテ　　　ツー
**Wann** machen die Geschäfte zu?
　　　　　閉まる　　　　　店

□ いつ都合がいいですか？

ヴァン　　イスト エス　イーネン　　レヒト
**Wann** ist es Ihnen recht?
　　　　　　　　　　　あなたに　　都合がいい

□ 何時の開演[終演]ですか？

ヴァン　　ベギント　　　　エンデット　　ディー　フォアシュテルング
**Wann** beginnt [endet] die Vorstellung?
　　　　　始まる　　　　　終わる　　　　　　催し物

□ 出発は何時ですか？

ヴァン　　ファーレン　ズィー　アプ
**Wann** fahren Sie ab?
　　　　　出発する

## 13.「何？」

**Was + 動詞 ~?**
ヴァス

■知りたい「物」について尋ねるパターン

was［ヴァス］は「何」という疑問詞です。英語の *what* に相当します。動詞の後ろ（~）には「聞きたい物」が入ります。

### 例文で使い方をマスターしましょう！

□ 旅行の目的は何ですか？

ヴァス　イスト デア　ツヴェック　イーレス　ベズーヘス　ヒーア
**Was ist der Zweck Ihres Besuches hier?**
　　　　　　　　　目的　　　あなたの　訪問　　ここ

□ 職業は何ですか？

ヴァス　ズィント ズィー　フォン　ベルーフ
**Was sind Sie von Beruf?**
　　　 ~です　あなたは ~について　職業

□ これは何ですか？

ヴァス　イスト ダス
**Was ist das?**
　　　　　これは

□ この地方の特産品は何ですか？

ヴァス　ズィント　シュペツィアリテーテン　ディーザー　ゲーゲント
**Was sind Spezialitäten dieser Gegend?**
　　　　　　　特産品　　　　　　　　この　　　地方

60

## 14.「どうやって〜？」「どのくらい〜？」

### Wie (…) + 動詞 ~?
ヴィー

■期間や量，物事の様子などを尋ねるパターンです。

　wie + 動詞 ~?「どうやって〜？」「どんな〜？」, wie lange + 動詞 ~?「どのくらい長く〜？」, wie viel + 動詞 ~?「どのくらい多く〜？」などを尋ねるパターンです。期間や量，物事の様子などを尋ねる疑問文を作ります。

**例文で使い方をマスターしましょう！**

□ 駅までどのくらいかかりますか？

ヴィー　ランゲ　　　ダオエァト　エス　ビス　ツム　　バーンホーフ
**Wie lange dauert es bis zum Bahnhof?**
　　　　　　　　かかる　　　　　　　　〜まで　駅

□ このホテルはどうですか？

ヴィー　イスト　ディーゼス　　ホテル
**Wie ist dieses Hotel?**
　　　　　　　この　　　　ホテル

□ 味はどうでしたか？

ヴィー　ハット　エス　イーネン　　ゲシュメックト
**Wie hat es Ihnen geschmeckt?**
　　　　　　　　あなたにとって　おいしかった

□ この単語はどう発音しますか？

ヴィー　シュプリヒト　マン　　ディーゼス　ヴォート　アオス
**Wie spricht man dieses Wort aus?**
　　　　発音する　　　　　　　この　　　　単語

61

## 15.「誰？」

### Wer + 動詞 ~?
ヴェーア

■ 知りたい「人」について尋ねるパターン

wer［ヴェーア］は「誰」という疑問詞です。英語の who に相当します。動詞の後ろ（～）には「聞きたい人」が入ります。

---

**例文で使い方をマスターしましょう！**

☐ どなたですか？（部屋がノックされたとき）

ヴェーア イスト ダー
**Wer ist da?**
　　　　　そこに

☐ あの人は誰ですか？

ヴェーア イスト ダス
**Wer ist das?**

☐ はい，どなたですか？（電話で）

ヴェーア シュプリヒト　ドルト　ビッテ
**Wer spricht dort bitte?**
　　　話す　　　そこで

☐ 彼女は誰ですか？

ヴェーア イスト ズィー
**Wer ist sie?**
　　　　　彼女は

# PART 3

## すぐに話せる！よく使う 基本・日常表現

# 1 Lektion 日常のあいさつ

### ショート対話

□ A: ごきげんいかがですか？

ヴィー　ゲート　エス　イーネン
**Wie geht es Ihnen?**
どのように　　　　　あなたにとって

□ B: ありがとう，元気です。あなたはいかがですか？

ダンケ　　　ミア　ゲート　エス　グート　　ウント　イーネン
**Danke, mir geht es gut.　Und Ihnen?**
ありがとう

□ A: ありがとう，元気です。

ダンケ　　　ミア　ゲート　エス　グート
**Danke, mir geht es gut.**

□ A: ありがとう，まあまあです。

ダンケ　　　エス　ゲート
**Danke, es geht.**

## 関連表現・事項

■ くだけたあいさつ

□ 「やあ！」「こんにちは！」
　　**Hallo!** [ハロー]

□ 「バイバイ」「さようなら！」
　　**Tschüs!** [チュス]

## すぐに使えるフレーズ

☐ おはようございます。

グーテン　　モルゲン
**Guten Morgen!**

☐ こんにちは。

グーテン　　ターク
**Guten Tag!**

☐ こんばんは。

グーテン　　アーベント
**Guten Abend!**

☐ おやすみなさい。

グーテ　　ナハト
**Gute Nacht!**

☐ A: 元気ですか？

ヴィー　ゲーツ
**Wie geht's?**
どのように

☐ B: 元気です。

グート
**Gut.**

# Lektion 2 別れぎわの一言

## ショート対話

□ A: さようなら。

アオフ　ヴィーダーゼーエン
**Auf Wiedersehen!**

□ B: お元気で！

アレス　　グーテ
**Alles Gute!**
すべて　　良いこと

□ A: グッドラック！

フィール グリュック
**Viel Glück!**
多くの　　幸運

□ B: また会いましょう。

ホッフェントリヒ　　　　ゼーエン　　ヴィーア ウンス マール ヴィーダー
**Hoffentlich sehen wir uns mal wieder.**
〜であればよいのだが　会う　私たちに　　　ちょっと また

## 関連表現・事項

■ 「あとで」

ビス　バルト　　ビス　グライヒ　　ビス　シュペーター
**Bis bald! / Bis gleich! / Bis später!**

⇒ **bis** は「〜まで」という前置詞。後ろに時を表す言葉を続ければ、「〜に会いましょう」という表現ができます。

## すぐに使えるフレーズ

☐ よい一日を。

アイネン　シェーネン　ターク
**Einen schönen Tag!**
　　　　よい　　　　　　日

シェーネン　　ターク　ノッホ
**Schönen Tag noch!**
よい　　　　　　日　　まだ

☐ よい週末を。

シェーネス　ヴォッヘン エンデ
**Schönes Wochenende!**
よい　　　　　　週末

☐ じゃあね。

チュッス
**Tschüs!**

☐ また明日。

ビス　　モルゲン
**Bis morgen!**
〜まで　明日　　　　　← 時を表す言葉

☐ また月曜日に。

ビス　　モンターク
**Bis Montag!**
〜まで　月曜日

67

# Lektion 3 感謝する

## ショート対話

□ A: どうもありがとう。

**Danke schön.**
ダンケ　シェーン

□ B: どういたしまして。

**Gern geschehen.**
ゲァン　ゲシェーエン

□ A: あなたはとても親切ですね。

**Sie sind sehr freundlich.**
ズィー ズィント ゼーア フロイントリヒ
　　　　　　　　とても　　親切な

□ B: どういたしまして。

**Bitte schön.**
ビッテ　シェーン

### 関連表現・事項

□ A: どうもありがとう。

**Danke sehr.**
ダンケ　ゼーア

□ B: どういたしまして。

**Bitte sehr.**
ビッテ　ゼーア

## すぐに使えるフレーズ

□ ありがとう！

ダンケ
**Danke!**

□ どうもありがとうございました。

フィーレン　ダンク
**Vielen Dank.**

□ いろいろどうもありがとう。

フィーレン　ダンク　フューア　アレス
**Vielen Dank für alles.**
たくさんの　感謝　〜のために　すべて

□ どうもご親切に。

ダス　イスト　アーバー　ゼーア　ネット
**Das ist aber sehr nett.**
　　　　　　　　　とても　親切な

## 【お礼に対して】

□ どういたしまして。

ビッテ　シェーン
**Bitte schön.**

ゲルン　ゲシェーエン
**Gern geschehen.**

カイネ　ウーアザッヘ
**Keine Ursache.**

ビッテ　ゼーア
**Bitte sehr.**

# Lektion 4 あやまる

### ショート対話

□ A: 遅くなってごめんなさい。

エントシュルディゲン　　ズィー　ビッテ　ディー　フェアシュペートゥング
**Entschuldigen Sie bitte die Verspätung.**
許す　　　　　　　　　　　　　　　　　　　　遅れたこと

□ B: 気にしないでください。

マッヘン　　ズィー　ズィッヒ　カイネ　　ゾルゲン
**Machen Sie sich keine Sorgen.**
する　　　　　　　　　　　　〜ない　心配

□ ごめんなさい。／すみません。

フェア**ツァイウング**
**Verzeihung.**
許すこと

□ かまいませんよ。／大丈夫ですよ。

マハト　　ニヒツ
**Macht nichts.**

---

**関連表現・事項**

■人を呼び止めるときの表現

□「すみません」

エント**シュ**ルディゲン　　**ズィー**
**Entschuldigen Sie!**
許す

bitte を入れると
よりていねいに

⇒ 道を尋ねるとき，店の人を呼ぶときなど

## すぐに使えるフレーズ

□ ごめんなさい。/ すみません。

エント**シュ**ルディゲン　　　ズィー　ビッテ
**Entschuldigen Sie bitte.**

フェア**ツァ**イエン　　ズィー　ビッテ
**Verzeihen Sie bitte.**

エントシュルディグング
**Entschuldigung.**
⇒ 人を呼び止めるときにも使います。

フェアツァイウング
**Verzeihung.**

## 【謝罪に対して】

□ 大丈夫ですよ。

ダス　　マハト　　　ニヒツ
**Das macht nichts.**

□ 気にしないで。

マハト　　　ニヒツ
**Macht nichts.**

□ どういたしまして。

カイネ　　ウーアザッヘ
**Keine Ursache.**

# 5 Lektion 肯定・否定 / 聞き返す

## よく使う表現

### 【肯定・否定】

- □ はい。
  ヤー
  **Ja.**

- □ はい，どうぞ。
  ヤー　ビッテ
  **Ja, bitte.**

- □ わかりました。
  アレス　クラー　　イン　オルドヌング
  **Alles klar. / In Ordnung.**

- □ いいえ。
  ナイン
  **Nein.**

- □ そうしていただかない方がいいのですが。
  リーバー　ニヒト
  **Lieber nicht.**

---

**関連表現・事項**

- □ 問題ありません。
  カイン　プロブレーム
  **Kein Problem.** — アクセントはeにあります。

- □ わかりません。
  イヒ　フェアシュテーエ　ニヒト
  **Ich verstehe nicht.**

## すぐに使えるフレーズ

# 【聞き返す】

□ 何ですって？

ヴィー　ビッテ
**Wie bitte?**

ビッテ
**Bitte?**

□ 本当ですか？

エーァリヒ
**Ehrlich?**

ヴィルクリヒ
**Wirklich?**

□ もう一度言っていただけますか？

ケネン　　　ズィー　ダス　　ノッホ　　アインマール　ザーゲン
**Können Sie das noch einmal sagen?**
　　　　　　　　　　　　　　もう一度

□ もっとゆっくり話していただけますか？

ケネン　　　ズィー　エトヴァス　ラングザマー　　　　シュプレッヒェン
**Können Sie etwas langsamer sprechen?**
〜していただけますか　もっと　　　ゆっくり　　　　　話す

形容詞比較級の語尾

# Lektion 6 感情を伝える

## よく使う表現

### 【喜び，感動】

☐ うれしい。

**イヒ　フロイエ　ミヒ**
**Ich freue mich.**

☐ すばらしい！

**ヴンダーバール**
**Wunderbar!**

**ファンタスティッシュ**
**Fantastisch!**

☐ よかった！

**ダス　ヴァー　グート**
**Das war gut!**

---

### 関連表現・事項

☐ 疲れています。

**イヒ　ビン　ミューデ**
**Ich bin müde.**
私は〜です　疲れている

⇒ **sein** とともに形容詞を用いると，「〜（の状態）です」という文を作ることができます。**ich** は「私は」という意味の代名詞。英語の *I* にあたりますが，文頭でないときは小文字で書きます。

## すぐに使えるフレーズ

□ すごい！

トル
**Toll!**

ズーパー
**Super!**

□ とてもいい。

ゼーア　グート
**Sehr gut!**

## 【怒り，悲しみ】

□ 残念。

シャーデ
**Schade.**

□ うんざりだ。

エス　ライヒト　ミーア
**Es reicht mir!**

□ まさか！　信じられない！

ウングラオプリヒ
**Unglaublich!**

□ たいへん！

オイェー
**Oje!**

□ 心配しないで。

カイネ　ゾルゲ
**Keine Sorge.**

□ 仕方がない。

ダー　カン　マン　ニヒツ　マッヘン
**Da kann man nichts machen.**

## 【「私は〜（の状態）です」】

□ 眠いです。

イヒ　ビン　シュレーフリヒ
**Ich bin schläfrig.**

　　└ schlafen（眠る）から作られた形容詞

□ 悲しいです。

イヒ　ビン　トラオリヒ
**Ich bin traurig.**

□ 忙しいです。

イヒ　ビン　ベシェフティヒト
**Ich bin beschäftigt.**

⇒「満腹の」　　**satt**　［ザット］

「幸せな」　　**glücklich**　［グリュックリヒ］
「感動した」　**beeindruckt**　［ベアインドルックト］

## 【お祝いのことば】

☐ おめでとう！

イヒ　グラトゥリーレ
**Ich gratuliere!**

ヘァツリッヒェン　　　グリュックヴンシュ
**Herzlichen Glückwunsch!**

☐ お誕生日おめでとう！

ヘァツリッヒェン　　　グリュックヴンシュ　　ツム
**Herzlichen Glückwunsch zum**

ゲブルツターク
**Geburtstag!**
誕生日

☐ ご結婚おめでとう！

ヘァツリッヒェン　　　グリュックヴンシュ　　　ツァ　　ホーホツァイト
**Herzlichen Glückwunsch zur Hochzeit!**
　　　　　　　　　　　　　　　　　　　　　　　　結婚

☐ 明けましておめでとう！

アイン　グリュックリヒェス　　ノイエス　　ヤール
**Ein glückliches neues Jahr!**
　　　幸せな　　　　　　新しい　　　年

# Lektion 7 出会い・友だちづくり

## ショート対話

□ A: どちらの出身ですか？（どちらからいらっしゃいましたか？）

ヴォヘーア　コメン　　ズィー
**Woher kommen Sie?**
　どこから　　　来る　　あなたは

□ B: 私は日本から来ました。

イヒ　コメ　　アオス　ヤーパン
**Ich komme aus Japan.**
　私は　来る　　〜から　日本

□ A: お名前は何とおっしゃいますか？

ヴィー　ハイセン　ズィー
**Wie heißen Sie?**
どのような　〜という名前です

□ B: 私の名前はハヤシ・ミサといいます。ミサと呼んでください。

イヒ　ハイセ　ミサ　　ハヤシ　　　ザーク　ミサ　ツー　ミア
**Ich heiße Misa Hayashi. Sag Misa zu mir!**

---

### 関連表現・事項

■ 国籍

□ 日本人　**Japaner** *(m)*
　　　　　ヤパーナー
　　　　　**Japanerin** *(f)*
　　　　　ヤパーネリン

□ ドイツ人　**Deutscher** *(m)*
　　　　　ドイチャー
　　　　　**Deutsche** *(f)*
　　　　　ドイチェ

## すぐに使えるフレーズ

☐ A: はじめまして。私はカーリンです。

ゼーア　エアフロイト　イヒ　ビン　カーリン
**Sehr erfreut. Ich bin Karin.**

☐ A: あなたは日本人ですか？

ズィント　ズィー　ヤパーネリン
**Sind Sie Japanerin?**
あなたは〜ですか　日本人

⇒「男性」なら **Japaner**

☐ B: はい、私は日本人です。

ヤー　イヒ　ビン　ヤパーネリン
**Ja, ich bin Japanerin.**

└ 国籍や職業などを表す名詞を動詞 sein と共に用いるときは冠詞はつけません

☐ お会いできてうれしいです。

イヒ　フロイエ　ミヒ　ズィー　ケネンツーレルネン
**Ich freue mich, Sie kennenzulernen.**
　　　うれしい　私を　あなたと　知り合ったこと

☐ ちょっと話しかけてもいいですか？

ダルフ　イヒ　ズィー　クァツ　シュテーレン
**Darf ich Sie kurz stören?**
〜してもいいですか　短時間　邪魔をする

PART 3　すぐに話せる！よく使う基本・日常表現

79

□ ご一緒してもいいですか？

ダルフ　イヒ　ミットゲーエン
**Darf ich mitgehen?**
〜してもいいですか　一緒に行く

□ あなたに質問してもいいですか？

カン　　イヒ　ズィー エトヴァス　フラーゲン
**Kann ich Sie etwas fragen?**
〜できますか　　　　　　質問する

※英語のIにあたりますが文頭にないときは小文字で書き出します。

□ A: お時間はありますか？

ハーベン　　ズィー ツァイト
**Haben Sie Zeit?**
〜はありますか　　時間

□ B: はい，あります。

ヤー　イヒ　ハーベ　　ツァイト
**Ja, ich habe Zeit.**

□ B: いいえ，ありません。

ナイン　イヒ　ハーベ　カイネ　ツァイト
**Nein, ich habe keine Zeit.**
　　　　　　　　　　〜ない

⇒ 女性名詞及び複数は **keine**。男性名詞は **keinen**，中性名詞は **kein**。

80

## 【職業・年齢】

□ A: 職業は何ですか？

ヴァス　ズィント　ズィー　フォン　ベルーフ
**Was sind Sie von Beruf?**
　何　　　～です　あなたは　～について　職業

□ B: 私は会社員です。

イヒ　ビン　アンゲシュテルテ
**Ich bin Angestellte.**
　私は　～です　会社員

⇒「男性会社員」なら **Angestellter**［アンゲシュテルター］

□ A: あなたは学生ですか？

ズィント　ズィー　シュトゥデンティン
**Sind Sie Studentin?**
　　　　　　　　　　女子学生

　相手のことを尋ねるときに用います。

□ B: はい，私は学生です。

ヤー　イヒ　ビン　シュトゥデンティン
**Ja, ich bin Studentin.**
　　　私は

⇒「男子学生」なら **Student**［シュトゥデント］

PART 3 すぐに話せる！よく使う基本・日常表現

81

□ B: いいえ，私は学生ではありません。

ナイン　イヒ　ビン　ニヒト　シュトゥデンティン
**Nein, ich bin nicht Studentin.**

→ 英語のnotに相当

□ B: いいえ，私は会社員です。

ナイン　イヒ　ビン　アンゲシュテルテ
**Nein, ich bin Angestellte.**
　　　　　　　　　会社員

□ 私は主婦です。

イヒ　ビン　ハオスフラオ
**Ich bin Hausfrau.**
私は〜です　主婦

⇒ 「主婦」は **Haus**（家）と **Frau**（女性）が組み合わさってできた語。

□ ぼくはエンジニアです。

イヒ　ビン　インジュニエーア
**Ich bin Ingenieur.**
私は〜です　エンジニア

⇒ 女性形は **Ingenieurin**［インジュニエーリン］です。

- [ ] A: おいくつですか？

ヴィー　アルト　ズィント　ズィー
**Wie alt sind Sie?**

- [ ] B: 30歳です。

イヒ　ビン　ドライスィッヒ　ヤーレ　アルト
**Ich bin 30　　Jahre alt.**
私は〜です

## 【メール交換】

- [ ] あなたの住所を教えてください。

カン　　イヒ　イーレ　アドレッセ　　ハーベン
**Kann ich Ihre Adresse haben?**
〜できますか　あなたの　　住所　　　持つ

英語のcanにあたる助動詞

- [ ] 番号を教えていただけますか？

ケンテン　　　　ズィー ミア　ビッテ　イーレ テレフォーン ヌマー
**Könnten Sie mir bitte Ihre Telefonnummer**
　　　　　　　　　　　　　　　　あなたの　電話番号

ゲーベン
**geben?**
与える

- [ ] メールアドレスを教えてください。

カン　　イヒ　イーレ　イーメイル　アドレッセ　　ハーベン
**Kann ich Ihre E-Mail-Adresse haben?**
〜できますか　あなたの　メールアドレス　　　持つ

PART 3 すぐに話せる！よく使う基本・日常表現

83

## □ お食事でもいかがですか？

ヴォレン　ヴィーア　ツザメン　　　　エッセン
**Wollen wir zusammen essen?**
　〜しましょう　　一緒に　　　　　　食べる

## □ いつ都合がいいですか？

ヴァン　　イスト エス　イーネン　　レヒト
**Wann ist es Ihnen recht?**
　〜はいつですか　　　あなたに　都合がいい

※ Ihnen recht sein で「あなたの都合がいい」という意味になります。

## □ A: いつ会いましょうか？

ヴァン　　　トレッフェン　ヴィーア　ウンス
**Wann treffen wir uns?**
　　　　　　　会う

## □ B: 5時にしようか？

ザーゲン　　　ヴィーア　フュンフ　ウーア
**Sagen wir, 5 Uhr?**
　　　　　　　　　　　　　　　　時

## □ お会いできてうれしかったです。

エス　ハット　ミヒ　　ゼーア　　ゲフロイト
**Es hat mich sehr gefreut.**
　　　　　　私を　　とても　うれしがらせる

## ■国籍

□中国人

**Chinese** *(m)*
ヒネーゼ

**Chinesin** *(f)*
ヒネーズィン

□フランス人

**Franzose** *(m)*
フランツォーゼ

**Französin** *(f)*
フランツェーズィン

□オーストリア人

**Österreicher** *(m)*
エスターライヒャー

**Österreicherin** *(f)*
エスターライヒェリン

□スイス人

**Schweizer** *(m)*
シュヴァイツァー

**Schweizerin** *(f)*
シュヴァイツェリン

□韓国人

**Koreaner** *(m)*
コレアーナー

**Koreanerin** *(f)*
コレアーネリン

□アメリカ人

**Amerikaner** *(m)*
アメリカーナー

**Amerikanerin** *(f)*
アメリカーネリン

## ■職業

|  | 【男性形】 | 【女性形】 |
|---|---|---|
| 会社員 | **Angestellter** アンゲシュテルター | **Angestellte** アンゲシュテルテ |
| エンジニア | **Ingenieur** インジュニエーア | **Ingenieurin** インジュニエーリン |
| ウェイター・ウェイトレス | **Kellner** ケルナー | **Kellnerin** ケルネリン |
| 教師 | **Lehrer** レーラー | **Lehrerin** レーレリン |
| 年金生活者 | **Rentner** レントナー | **Rentnerin** レントネリン |
| 農家 | **Bauer** バオアー | **Bäuerin** ボイエリン |
| 生徒 | **Schüler** シューラー | **Schülerin** シューレリン |
| 薬剤師 | **Apotheker** アポテーカー | **Apothekerin** アポテーケリン |

|  | 【男性形】 | 【女性形】 |
|---|---|---|
| 店員 | **Verkäufer**<br>フェアコイファー | **Verkäuferin**<br>フェアコイフェリン |
| 医師 | **Arzt**<br>アールツト | **Ärztin**<br>エアツティン |
| 公務員 | **Beamter**<br>ベアムター | **Beamtin**<br>ベアムティン |
| 学生 | **Student**<br>シュトゥデント | **Studentin**<br>シュトゥデンティン |
| 美容師 | **Friseur**<br>フリゼーア | **Friseuse**<br>フリゼーゼ |
| 商人 | **Kaufmann**<br>カオフマン | **Kauffrau**<br>カオフフラオ |
| 看護師 | **Krankenpfleger**<br>クランケンプフレーガー | **Krankenschwester**<br>クランケンシュヴェスター |

# 8 Lektion ドイツ語，ドイツ

## ショート対話

□ A: どちらへいらっしゃるのですか？

ヴォーヒン　ファーレン　ズィー
**Wohin fahren Sie?**
どちらへ　　行く　　　　英語で to where

□ B: これからベルリンに行きます。

イヒ　ファーレ　イェッツト　ナーハ　ベアリーン
**Ich fahre jetzt nach Berlin.**
　行く　　今から　　～へ　　ベルリン

□ B: ベルリンに行ってきました。

イヒ　ビン　ナーハ　ベアリーン　ゲファーレン
**Ich bin nach Berlin gefahren.**
私は～した　～へ　　ベルリン　　行った

## 関連表現・事項

□ 私はベルリンに一度行ったことがあります。

イヒ　ビン　ショーン　アインマール　イン　ベアリーン　ケヴェーゼン
**Ich bin schon einmal in Berlin gewesen.**
～しました　一度　　　　　　ベルリン

□ 私はまだ一度もベルリンに行ったことはありません。

イヒ　ヴァー　ノッホ　ニー　イン　ベアリーン
**Ich war noch nie in Berlin.**
私は　いた　まだ一度もない　　ベルリンに

## すぐに使えるフレーズ

□ ドイツは初めてです。

ダス　イスト　マイン　エァスター　ベズーフ　イン
**Das ist mein erster Besuch in**
これは　です　私の　初めての　訪問　〜に

ドイチュラント
**Deutschland.**
ドイツ

□ これはドイツ語で何というのですか？

ヴィー　ハイスト　ダス　アオフ　ドイチュ
**Wie heißt das auf Deutsch?**
　　　〜という　　　　ドイツ語で

□ この単語はどう発音しますか？

ヴィー　シュプリヒト　マン　ディーゼス　ヴォート　アオス
**Wie spricht man dieses Wort aus?**
　　　どう　発音する　　　　　　この　　　単語

「〜はどう書きますか」なら
Wie schreibt man 〜？
ヴィー シュライプト

□ つづりを教えてください。

ヴィー　シュライプト　マン　ダス
**Wie schreibt man das?**
どのように　書く　人は　それを

□ 発音を教えてください。

ヴィー　シュプリヒト　マン　ダス　アオス
**Wie spricht man das aus?**
どのように　発音する　人は　それを

PART 3
すぐに話せる！よく使う基本・日常表現

89

# Lektion 9 趣味

## ショート対話

☐ A: あなたの趣味は何ですか？

ヴァス イスト デン イーア ホビー
**Was ist denn Ihr Hobby?**
何が ～です いったい あなたの 趣味

☐ B: 生け花をするのが好きです。で，あなたは？

イヒ マッヘ ゲルン イケバナ ウント ズィー
**Ich mache gern *Ikebana*. Und Sie?**
～する 好んで 生け花

☐ A: テニスをするのが好きです。

イヒ シュピーレ ゲルン テニス
**Ich spiele gern Tennis.**
する 好んで テニス

### 関連表現・事項

■趣味

◇ 映画を見に行く　**ins Kino gehen**
　　　　　　　　　インス　キーノ　ゲーエン
◇ サイクリング　　**Rad fahren**
　　　　　　　　　ラート　ファーレン
◇ 野球をする　　　**Baseball spielen**
　　　　　　　　　ベイスボール　シュピーレン

## すぐに使えるフレーズ

☐ A: あなたは何をするのが好きですか？

ヴァス　マッヘン　　　ズィー　ゲルン
# Was machen Sie gern?
　何が　　　～をする　　　　　好んで

――― 英語の what

☐ B: ドライブをするのが好きです。

イヒ　ファーレ　ゲルン　アオトー
# Ich fahre gern Auto.
　　　運転する　好んで　車

☐ B: サッカーをするのが好きです。

イヒ　シュピーレ　ゲルン　フースバル
# Ich spiele gern Fußball.
　　　する　　　好んで　サッカー

☐ B: 音楽を聞くのが好きです。

イヒ　ヘーレ　ゲルン　ムズィーク
# Ich höre gern Musik.
　　　聞く　　好んで　音楽

☐ B: 歌うのが好きです。

イヒ　ズィンゲ　ゲルン
# Ich singe gern.
　　　歌う　　好んで

PART 3　すぐに話せる！よく使う基本・日常表現

91

☐ B: 料理するのが好きです。

イヒ　コッヘ　ゲルン
**Ich koche gern.**
　　　料理する　　好んで

☐ B: 読書するのが好きです。

イヒ　レーゼ　ゲルン
**Ich lese gern.**
　　　読書する　好んで

☐ B: 散歩するのが好きです。

イヒ　ゲーエ　ゲルン
**Ich gehe gern spazieren.**
　　　　　　　好んで　　散歩する

# PART 4
## すぐに話せる！ドイツ旅行重要フレーズ

# 10 Lektion 機内で・空港で

## ショート対話

□ A: シートを倒してもいいですか？

ダルフ　イヒ　マイネン　　ズィッツ　ツリュックレーネン
**Darf ich meinen Sitz zurücklehnen?**
〜してもいいですか　私の　　シート　倒す

□ B: はい，どうぞ。

ヤー　ビッテ
**Ja, bitte.**

□ A: お肉がよろしいですか，それとも魚ですか？

メヒテン　　　　ズィー　フライシュ　オーダー　フィッシュ
**Möchten Sie Fleisch oder Fisch?**
ほしい　　　　あなたは　　肉　　あるいは　　魚

□ B: 魚をお願いします。

フィッシュ　ビッテ
**Fisch bitte!**
魚

## 関連表現・事項

■聞き取れますか？

□ 牛肉と鶏肉，どちらになさいますか？

メヒテン　　　　ズィー　リントフライシュ　　オーダー
**(Möchten Sie) Rindfleisch oder**
ヒューナーフライシュ
**Hühnerfleisch?**
　　　　　　　　　　　　　　　　あるいは

## すぐに使えるフレーズ

☐ 私の席はどこですか？

ヴォー イスト マイン プラッツ
**Wo ist mein Platz?**
どこ ですか 私の 席

英語のmyに相当

⇒ **mein** は「私の」という所有を表す所有代名詞（所有冠詞）。

☐ 通していただけますか？

カン イヒ ビッテ ドゥルヒ
**Kann ich bitte durch?**
〜できますか お願いします 通って

darfは助動詞なので、不定詞（動詞の原形）は文末に置きます

☐ あの席へ移ってもいいですか？

ダルフ イヒ ミヒ ドルトヒン ゼッツェン
**Darf ich mich dorthin setzen?**
〜してもいいですか 私を あそこ 座らせる

☐ 窓側［通路側］の席に移れますか？

カン イッヒ マイネン プラッツ ミット アイネム
**Kann ich meinen Platz mit einem**
〜できますか 私の 席

フェンスター・プラッツ プラッツ アム ガング タオシェン
**Fensterplatz [Platz am Gang] tauschen?**
窓側の席 席 通路 替える

☐〈隣の人に〉席を替わっていただけますか？

ヴュルデン ズィー ビッテ デン プラッツ ミット ミア
**Würden Sie bitte den Platz mit mir**
お願いします 席 私と

タオシェン
**tauschen?**
替える

□ 毛布をいただけますか？

カン　イヒ　アイネ　デッケ　　ハーベン
**Kann ich eine Decke haben?**
〜できますか　　　　毛布　　持つ

□ 寒い [暑い] のですが。

ミア　イスト　カルト　ハイス
**Mir ist kalt [heiß].**
　　　　　　　寒い　　暑い

□ 気分が悪いのですが。

イヒ　フューレ　ミヒ　　ウンヴォール
**Ich fühle mich unwohl.**
私は　感じる　私を　　気分が悪い

ichの再帰代名詞4格

□ 薬はありますか？

ハーベン　　ズィー　メディカメンテ
**Haben Sie Medikamente?**
〜はありますか　　薬

□ 軽い食事にできますか？

カン　　イヒ　アイネ　ライヒテ　　マールツァイト
**Kann ich eine leichte Mahlzeit**
〜できますか　　　　軽い　　　食事

ベコメン
**bekommen?**
〜をとる

96

□ ハンブルクには何時に到着しますか？

ヴァン　　コメン　　　ヴィーア イン ハンブルク　　アン
**Wann** kommen wir in Hamburg an?
いつ　　　到着する　　　　　　　　ハンブルグに

*英語のwhenに相当*

## 【手荷物】

□ 手荷物受取所はどこですか？

ヴォー イスト ディ　ゲペック　アオスガーベ
**Wo** ist die Gepäckausgabe?
どこ　　　　　　　手荷物受取所

□ これが手荷物引換証です。

ヒーア　イスト　マイン　　ゲペック シャイン
Hier ist **mein** Gepäckschein.
ここに　　　　　私の　　　手荷物引換証

*所有を表す所有代名詞（所有冠詞）*

□ 手荷物引換証をなくしてしまいました。

イヒ　ハーベ　　マイネン　　ゲペック シャイン　　　フェアローレン
**Ich habe** meinen Gepäckschein **verloren**.
　　　　　　　私の　　　　手荷物引換証　　　　　　失う

*文末に動詞の過去分詞*

□ 私の荷物が見つかりません。

イヒ　カン　　マイン　　ゲペック　　　ニヒト　　フィンデン
Ich kann mein Gepäck nicht finden.
　　　　　　私の　　　荷物　　　　　ない　　　見つける

PART 4

すぐに話せる！ドイツ旅行重要フレーズ

97

# 11 Lektion 入国審査・税関

## ショート対話

### 【入国審査】

□ A: パスポートを見せてください。

イーレン　パス　ビッテ
**Ihren Pass, bitte.**
あなたの　パスポート　お願いします

□ B: はい，これです。

ヤー　ヒーア
**Ja, hier.**

□ A: 旅行の目的は？

ヴァス　イスト　デア　ツヴェック　イーレス　ベズーヘス　ヒーア
**Was ist der Zweck Ihres Besuches hier?**
何　　です　　　　　目的　　あなたの　訪問　　　　ここ

2格(〜の)です。
2格は後ろから前の名詞を修飾します。

□ B: 観光です。

アイネ　ベズィヒティグングスライゼ
**Eine Besichtigungsreise.**

### 関連表現・事項

□ A: 宿泊先はどこですか？

ヴォー　ヴェーアデン　ズィー　ヴォーネン
**Wo werden Sie wohnen?**

□ B:〈メモを見せて〉宿泊先はこのホテルです。

イヒ　ヴォーネ　イン　ディーゼム　ホテル
**Ich wohne in diesem Hotel.**

## すぐに使えるフレーズ

☐ A: 何日滞在の予定ですか？

ヴィー　ランゲ　ヴェーアデン　ズィー　ズィヒ　ヒーア　アオフハルテン
**Wie lange werden Sie sich hier aufhalten?**
どれくらいの期間　　～するつもり　　　　　　ここに　滞在する

☐ B: 5日間です。

フュンフ　ターゲ
**Fünf Tage.**

## 【税関検査】

☐ A: 関税の申告をするものはありますか？

ハーベン　ズィー　エトヴァス　ツー　フェアツォレン
**Haben Sie etwas zu verzollen?**
～がありますか　　　何か　　～すべき　関税を払う

☐ B: いいえ，何もありません。

ナイン　　イヒ　　ハーベ　　ニヒツ　　ツー　フェアツォレン
**Nein, ich habe nichts zu verzollen.**
　いいえ　　私は　　持つ　　何もない

☐ スーツケースを開けてください。

ビッテ　　エフネン　　ズィー　イーレン　　コファー
**Bitte öffnen Sie Ihren Koffer!**
どうぞ　　開ける　　　　　あなたの　　スーツケース

☐ これは何ですか？

ヴァス　イスト ダス
**Was ist das?**

☐ これは自分用です。

ディース　イスト フューア　ミヒ　　ペルゼーンリヒ
**Dies ist für mich persönlich.**
　　　　　　　　　～のため　私を　　個人的に

## ■空港・機内

| 飛行機 | **Flugzeug** (n) フルークツォイク |
|---|---|
| 窓側の席 | **Fensterplatz** (m) フェンスタープラッツ |
| 通路側の席 | **Platz am Gang** (m) プラッツ アム ガング |
| 空港 | **Flughafen** (m) フルークハーフェン |
| 出発 | **Abflug** (m) アプフルーク |
| 出発ロビー | **Abflughalle** (f) アプフルークハレ |
| 到着 | **Ankunft** (f) アンクンフト |
| 搭乗ゲート | **Flugsteig** (m) フルークシュタイク |
| カウンター | **Schalter** (m) シャルター |
| 航空券 | **Flugticket** (n) フルークティケット |

| 搭乗手続きをする | **einchecken** アインチェッケン |
|---|---|
| インフォメーション | **Touristeninformation** (f) トゥリステン インフォルマツィオーン |
| 税関 | **Zoll** (m) ツォル |
| 旅客審査 | **Passkontrolle** (f) パスコントローレ |
| パスポート | **Pass** (m) パス |
|  | **Reisepass** (m) ライゼパス |
| ビザ | **Visum** (n) ヴィーズム |
| 客室乗務員, フライトアテンダント | **Flugbegleiter** (m) フルークベグライター |
|  | **Flugbegleiterin** (f) フルークベグライテリン |

| | | | |
|---|---|---|---|
| 乗客 | **Passagier** (m)  パサジーァ | 手荷物 | **Handgepäck** (n)  ハントゲペック |
| 座席 | **Platz** (m)  プラッツ | 両替所 | **Wechselstube** (f)  ヴェクセルシュトゥーベ |
| トイレ | **Toilette** (f)  トアレッテ | 免税店 | **Duty-free-Shop** (m)  ドューティーフリーショップ |
| シートベルト | **Sicherheitsgurt** (m)  ズィッヒャーハイツグルト | 両替する | **wechseln**  ヴェクセルン |
| 毛布 | **Decke** (f)  デッケ | (トラベラーズチェックを) 換金する | **einlösen**  アインレーゼン |
| 枕 | **Kopfkissen** (n)  コプフキッセン | | |
| ヘッドホン | **Kopfhörer** (m)  コプフヘーラー | | |
| スーツケース | **Koffer** (m)  コファー | | |
| バッグ | **Tasche** (f)  タッシェ | | |
| 荷物 | **Gepäck** (n)  ゲペック | | |

PART 4 すぐに話せる！ドイツ旅行重要フレーズ

# Lektion 12 移動する〈タクシー〉

## ショート対話

□ A: 空港までどれくらいの時間がかかりますか？

ヴィー　ランゲ　　ダゥアート　エス　ツム　　フルークハーフェン
**Wie lange dauert es zum Flughafen?**
どのくらいの時間　かかる　　　　〜まで　空港

□ B: 約15分です。

エトヴァ　フュンフツェーン　ミヌーテン
**Etwa fünfzehn Minuten.**
約　　　　15　　　　　　分

「（一定の時間）続く」という意味の動詞。

□ A: ここで降ろしてください。

イヒ　メヒテ　　ヒーア　アオスシュタイゲン
**Ich möchte hier aussteigen.**
　　　したいのですが　ここ　　降りる

□ B: わかりました。

アレス　クラー
**Alles klar.**

### 関連表現・事項

□ 急いでいます。

イヒ　ハーベ　エス　アイリヒ
**Ich habe es eilig.**
　　　　　　　　　急いでいる

□ 博物館までいくらですか？

ヴァス　コステット　エス　ツム　　ムゼーウム
**Was kostet es zum Museum?**

## すぐに使えるフレーズ

☐ タクシー乗り場はどこですか？

ヴォー イスト デア　　タクスィシュタント
# Wo ist der Taxistand?
どこ　　　　　　　　タクシー乗り場

☐ 中央駅までお願いします。

ツム　　　ハオプトバーンホーフ　　　ビッテ
# Zum Hauptbahnhof, bitte.
　　　　　　中央駅

☐ この住所へ行ってください。

ブリンゲン　　ズィー ミヒ　　　ビッテ　　ツー ディーザー　アドレッセ
# Bringen Sie mich bitte zu dieser Adresse.
連れて行く　　　　　私を　　お願いします　～へ　　この　　　住所

英語は address

☐ ここで停めてください。

ビッテ　　　ハルテン　　ズィー　ヒーア
# Bitte halten Sie hier.
お願いします　停める　あなたは　ここで

☐ A: いくらですか？

ヴァス　　コステット　　ダス
# Was kostet das?
　何　　値段が～である　それは

☐ B: 20 ユーロです。

ツヴァンツィヒ　オイロ
# 20 Euro.

☐ A: ありがとう。おつりはとっておいてください。

ダンケ　　シェーン　　ベハルテン　　　ズィー　デン　　レスト
# Danke schön. Behalten Sie den Rest.
ありがとう　　　　　　とっておく　　　あなたは　　　おつり

103

# 13 Lektion 移動する〈地下鉄・列車・バス〉

## ショート対話

□ A: いちばん近い地下鉄の駅はどこですか？

ヴォー イスト ディー ネーヒステ　　ウーバーン シュタツィオーン
### Wo ist die nächste U-Bahn-Station?
どこですか　　　いちばん近い　　　地下鉄の駅

□ B: そこを左です。

ダー　リンクス
### Da links.
左に

□ A: 切符売り場はどこですか？

ヴォー ギープトエス ファールカルテン シャルター
### Wo gibt es Fahrkartenschalter?
どこに　〜はありますか　切符売り場

□ B: あそこです。

ドルト
### Dort.
あそこに

---

**関連表現・事項**

□ この列車［車両］は〜に行きますか？

フェーアト ディーザー ツーク　ヴァーゲン　ナーハ
### Fährt dieser Zug [Wagen] nach ~?
行く　　この　　列車　　単両　　　〜に

□ 〜へは片道いくらですか？

ヴァス コステット アイネ アインファッヘ ファールト ナーハ
### Was kostet eine einfache Fahrt nach ~?
何　値段が〜する　　片道の　　　運行

## すぐに使えるフレーズ

☐ 地下鉄の路線図はありますか？

ハーベン　　ズィー　アイネン　　ウーバーン プラーン
**Haben Sie einen U-Bahnplan?**
〜はありますか　　　　　　地下鉄の路線図

「市街地図」なら
Stadtplan
シュタットプラーン

☐ 1日券をください。

アイネ　　ターゲスカルテ　　　ビッテ
**Eine Tageskarte, bitte.**
　　　　　1日券

☐ 一回券［回数券］をください。

アイネ　　ファールカルテ　　　メーアファールテン カルテ　　　　ビッテ
**Eine Fahrkarte [Mehrfahrtenkarte], bitte.**
　　　　乗車券　　　　　　回数券　　　　　　　　　　　　お願いします。

☐ この地下鉄はポツダム広場まで行きますか？

フェーアト　ディーゼ　　ウーバーン　　ツム　　　ポツダマー
**Fährt diese U-Bahn zum Potsdamer**
行く　　　　この　　　地下鉄　　　〜へ　　　ポツダムの

プラッツ
**Platz?**
広場

☐ 乗り換えなければなりませんか？

ムス　　イヒ　　ウムシュタイゲン
**Muss ich umsteigen?**
〜しなければいけませんか　乗り換える

PART 4

すぐに話せる！ドイツ旅行重要フレーズ

105

□ どこで乗り換えなければなりませんか？

ヴォー　ムス　　イヒ　　ウムシュタイゲン
**Wo muss ich umsteigen?**
どこ　〜しなければいけませんか　乗り換える

□ 次は何駅ですか？

ヴィー　ハイスト　デア　ネーヒステ　　　バーンホーフ
**Wie heißt der nächste Bahnhof?**
どのように　　　　　　次の　　　　　駅

□ マリーエン広場への出口はどれですか？

ヴェルヒャー　　　アウスガング　　　フューアト ツー マリーエンプラッツ
**Welcher Ausgang führt zu Marienplatz?**
どの　　　　　　出口　　　　　　　　　〜へ　マリーエン広場

英語の which に相当

welcher + 男性名詞
welche + 女性名詞
welches + 中性名詞

□ 切符をなくしました。

イヒ　　ハーベ　　マイネ　　ファールカルテ　　フェアローレン
**Ich habe meine Fahrkarte verloren.**
　　　　　　　　　私の　　　切符　　　　　　失う

□ 通していただけますか？

カン　　イヒ　ビッテ　　ドゥルヒ
**Kann ich bitte durch?**
〜できますか　お願いする　通って

## 【列車】

□ 出発は何時ですか？

ヴァン　　ファーレン　ズィー　アプ
**Wann fahren Sie ab?**
いつ　　　出発する　　あなたは

□ この列車はどこ行きですか？

ヴォヒン　　フェーアト ディーザー　ツーク
**Wohin fährt dieser Zug?**
どこへ　　　行く　　　この　　　列車

□ この列車に乗ればいいのですか？

ムス　　イヒ　　ミット　ディーゼム　　ツーク　　ファーレン
**Muss ich mit diesem Zug fahren?**
〜しなければなりませんか　この　　　　列車　　乗る

□ 片道いくらですか？

ヴァス　　コステット　アイネ　アインファッヘ　ファールト
**Was kostet eine einfache Fahrt?**
何　　　値段が〜する　　　　片道の　　　　運行

□ 2等車をお願いします。

ツヴァイター　クラッセ　　ビッテ
**Zweiter Klasse, bitte.**
　　　　　　　2等　　　　　お願いします

⇒ 乗り物の切符を買うときに必要な表現です。
**zweit** は「2番目の」、1等は **erster Klasse**。

PART 4　すぐに話せる！ドイツ旅行重要フレーズ

107

□ 指定席をお願いします。

**Eine Platzreservierung, bitte.**
アイネ　プラッツ レザヴィールング　ビッテ
指定席　　　　　　　　　　　　　　　お願いします

□ 禁煙席をお願いします。

**Einen Nichtraucherplatz, bitte.**
アイネン　ニヒトラオハー プラッツ　ビッテ
　　　　　禁煙席

□ 寝台車をお願いします。

**Schlafwagen, bitte.**
シュラーフヴァーゲン　ビッテ
寝台車　　　　　　　　お願いします

□ ベルリン行き片道切符1枚ください。

**Eine einfache Karte nach Berlin, bitte.**
アイネ　アインファッヘ　カルテ　ナーハ　ベァリーン　ビッテ
　　　　　片道の　　　　切符　　〜へ　　ベルリン

□ ウィーンへ行くのはどの列車ですか？

**Welcher Zug fährt nach Wien?**
ヴェルヒャー　ツーク　フェーアト ナーハ　ヴィーン
どの　　　　　列車　　走る　　　〜へ　　ウィーン

□ 列車は何番線から出ますか？

**Von welchem Bahnsteig fährt der Zug ab?**
フォン　ヴェルヒェム　バーンシュタイク　フェーアト デア ツーク アプ
〜から　どの　　　　ホーム　　　　　　発車する　　　列車

□ ここへ行きたいのですが。

**Ich möchte hierhin fahren.**
イヒ　メヒテ　ヒーアヒン　ファーレン
　　〜したいのですが　ここへ　行く

(助動詞) (不定詞(動詞の原形))

108

□ 乗り換えが必要ですか？

ムス　　イヒ　　ウムシュタイゲン
## Muss ich umsteigen?
〜しなければなりませんか　乗り換える

（手書き: 英語のmustに相当／「換える」という意味があります。）

□ どこで乗り換えるのですか？

ヴォー　ムス　　イヒ　　ウムシュタイゲン
## Wo muss ich umsteigen?
どこ　〜しなければなりませんか　乗り換える

□ 次のフランクフルト行きの列車は何時ですか？

ヴァン　　フェーアト デア　ネーヒステ　　ツーク　ナーハ　フランクファート
## Wann fährt der nächste Zug nach Frankfurt?
いつ　　走る　　　次の　　　　列車　　〜へ　　フランクフルト

□ この列車はドレスデンに停まりますか？

ヘルト　　ディーザー　ツーク　イン　ドレースデン
## Hält dieser Zug in Dresden?
停まる　　この　　　列車　　〜に　ドレスデン

（手書き: 3・4格支配）

□ 次はマリーエン広場駅ですか？

イスト ディー ネーヒステ　シュタツィオーン　デア　マリーエンプラッツ
## Ist die nächste Station der Marienplatz?
〜ですか　次の　　　　駅　　　　　マリーエン広場

□ 食堂車はどの車両ですか？

ヴォー　イスト　デア　シュパイゼ ヴァーゲン
## Wo ist der Speisewagen?
どこ　　ですか　　　　食堂車

PART 4　すぐに話せる！ドイツ旅行重要フレーズ

109

## 【バス】

□（長距離）バス乗り場はどこですか？

ヴォー　イスト　　　ブス　バーンホーフ
**Wo ist der Busbahnhof?**
どこですか　　　　　バス乗り場

□ バス停はどこですか？

ヴォー　イスト　ヒーア　アイネ　　　ブスハルテシュテレ
**Wo ist hier eine Bushaltestelle?**
どこですか　　　　　　　　　　　バス停

□ 美術館行きのバスはどれですか？

ヴェルヒャー　　ブス　　フェーアト ツム　　ムゼーウム
**Welcher Bus fährt zum Museum?**
どの　　　　　バス　　行く　　〜へ　　　美術館

□ どこで切符を買えますか？

ヴォー　ベコメ　　　　　イヒ　デン　　ファールシャイン
**Wo bekomme ich den Fahrschein?**
どこ　入手できる　　　　私は　　　　切符

□ 時刻表をください。

イヒ　メヒテ　　　アイネン　　ファールプラーン
**Ich möchte einen Fahrplan.**
〜がほしいのですが　　　　時刻表

電車やバスの時刻表。
飛行機の時刻表は
Flugplan［フルークプラーン］

□ バスの路線図をください。

イヒ　メヒテ　　　アイネン　　　ブスリーニェンプラーン
**Ich möchte einen Buslinienplan.**
〜がほしいのですが　　　　　　　バスの路線図

> 計画という意味のほかに「(比較的狭い地域の)地図」という意味があります。

□ このバスは大聖堂に行きますか？

フェールト　ディーザー　ブス　　ツム　　ドーム
**Fährt dieser Bus zum Dom?**
行く　　　　この　　　　バス　　〜へ　　大聖堂

□ 降ります。

イヒ　シュタイゲ　アオス
**Ich steige aus.**
　　　　　　　　　降りる

□ ここ[次]で降ります。

イッヒ　シュタイゲ　ヒーア　　ディ　ネーヒステ　　アオス
**Ich steige hier [die nächste] aus.**
　　　　　　　　　　ここ　　　　　次

□ ここで降ればいいのですか？

ムス　　イヒ　ヒーア　アオスシュタイゲン
**Muss ich hier aussteigen?**
〜しなければなりませんか　ここで　　降りる

⇒ 「乗り込む」は **einsteigen** [アインシュタイゲン] と言います。

PART 4　すぐに話せる！ドイツ旅行重要フレーズ

111

## ■移動する

| 駅 | **Bahnhof** *(m)* バーンホーフ |
| 地下鉄 | **U-Bahn** *(f)* ウーバーン |
| バス | **Bus** *(m)* ブス |
| リムジンバス | **Reisebus** *(m)* ライゼブス |
| タクシー | **Taxi** *(n)* タクスィ |
| 乗り込む | **einsteigen** アインシュタイゲン |
| 降りる | **aussteigen** アオスシュタイゲン |
| タクシー乗り場 | **Taxistand** *(m)* タクスィシュタント |
| 空車 | **frei** フライ |

| おつり | **Wechselgeld** *(n)* ヴェクセルゲルト |
| | **Rückgeld** *(n)* リュックゲルト |
| お金を払う | **bezahlen** ベツァーレン |
| 住所 | **Adresse** *(f)* アドレッセ |
| 運転手 | **Fahrer** *(m)* ファーラー |
| バス停 | **Bushaltestelle** *(f)* ブスハルテシュテレ |
| 発 | **ab** アプ |
| 着 | **an** アン |
| 中央駅 | **Hauptbahnhof(Hbf)** *(m)* ハオプトバーンホーフ |

| | | | |
|---|---|---|---|
| 切符 | **Fahrkarte** *(f)*<br>ファールカルテ | ドイツ鉄道 | **Deutsche Bahn (DB)** *(f)*<br>ドイチェ　　　バーン |
| | **Fahrschein** *(m)*<br>ファールシャイン | 列車 | **Zug** *(m)*<br>ツーク |
| 片道切符 | **einfache Fahrkarte** *(f)*<br>アインファッヘ　ファールカルテ | インターシティエキスプレス | **Intercity-Express (ICE)** *(m)*<br>インターシティエクスプレス（イーツェーエー） |
| 往復切符 | **Rückfahrkarte** *(f)*<br>リュックファールカルテ | インターシティ | **Intercity (IC)**<br>インターシティ（イーツェー） |
| 特急券 | **Zuschlag** *(m)*<br>ツーシュラーク | オイロシテイ<br>（ヨーロッパの大都市間を結ぶ特急列車） | **Eurocity (EC)**<br>オイロシティ（エーツェー） |
| 1等 | **erster Klasse** *(f)*<br>エァスター　クラッセ | インターレギオ（中距離特急列車） | **Interregio (IR)**<br>インターレーギオ（イーエァ） |
| 2等 | **zweiter Klasse** *(f)*<br>ツヴァイター　クラッセ | | |
| コンパートメント | **Abteil** *(n)*<br>アプタイル | | |

PART 4　すぐに話せる！ドイツ旅行重要フレーズ

# 14 Lektion ホテルで〈チェックイン〉

## ショート対話

□ A: まだ空部屋はありますか？

ハーベン　ズィー　ノッホ　アイン　ツィマー　フライ
**Haben Sie** noch ein Zimmer frei?
〜はありますか　　　まだ　　　　部屋　　　　空いている

□ B: あいにく満室です。

ライダー　ズィント　ヴィーア　アオスゲブーフト
**Leider sind wir ausgebucht.**
残念ながら　　　　　　　予約済みの

※ この反対は "belegt" ベレークト

□ A: 何泊しますか？

フューア　ヴィー　フィーレ　ネヒテ
**Für wie viele Nächte?**
　　　　　　　　　　　夜

□ B: 1泊［2泊］です。

フューア　アイネ　ナハト　　ツヴァイ　ネヒテ
**Für eine Nacht [zwei Nächte].**
　　　　　　夜　　　　2　　夜

---

### 関連表現・事項

□ 静かな部屋がいいのですが。

イヒ　メヒテ　　アイン　ルーイゲス　ツィマー
**Ich möchte** ein ruhiges Zimmer.
〜がほしいのですが　　静かな　　部屋

□ 宿泊カードに記帳してください。

ビッテ　フュレン　ズィー　ダス　ゲステフォルムラー　　アオス
**Bitte füllen Sie das Gästeformular aus.**

114

## すぐに使えるフレーズ

☐ A: チェックインをお願いします。

イヒ　メヒテ　　　ミヒ　　　アンメルデン
**Ich möchte mich anmelden.**

☐ A: ナガノ・タクヤです。予約しています。

イヒ　　ハイセ　　　タクヤ　　　　ナガノ
**Ich heiße Takuya Nagano.**
私は　〜という名前です

イヒ　　ハーベ　　　レゼァヴィーアト
**Ich habe reserviert.**
私は　した　　予約する

英語は reserve

☐ A: これが私の確認書です。

ヒア　　イスト マイネ　　　ベシュテーティグング
**Hier ist meine Bestätigung.**
これが　〜です 私の　　　確認書

☐ B: ご予約いただいていますか？

ハーベン　　ズィー　アイネ　レザヴィールング
**Haben Sie eine Reservierung?**
　〜はありますか　　　　　予約

☐ A: 予約してあります。

イッヒ　ハーベ　　アイネ　レザヴィールング
**Ich habe eine Reservierung.**
　　　　　　　　　　　　予約

## 【確認する】

□ その部屋にバス［シャワー］がついていますか？

ハット ダス ツィマー アイン バート アイネ ドゥーシェ
**Hat das Zimmer ein Bad [eine Dusche]?**
　　　　　　部屋　　　　　　バス　　　　　シャワー

□ 部屋を見せていただけますか？

ケンテ イッヒ ダス ツィマー ビッテ ゼーエン
**Könnte ich das Zimmer bitte sehen?**
　　　　　　　　　部屋　　　　　　　見る

□ 朝食付きですか？

イスト ダス フリューシュテュック イム プライス インベグリッフェン
**Ist das Frühstück im Preis inbegriffen?**
　　　　朝食　　　　　　　値段　　含まれる

□ 食堂はどこですか？

ヴォー イスト デア シュパイゼザール
**Wo ist der Speisesaal?**
どこ　　　　　　食堂

□ 何時から朝食がとれますか？

アプ ヴィー フィール ウーア カン マン フリューシュテュッケン
**Ab wie viel Uhr kann man frühstücken?**
〜から　　何時　　　〜できますか　　朝食をとる

□ 何時まで朝食がとれますか？

ヴィス ヴィー フィール ウーア　カン　　マン　　　フリューシュテュッケン
**Bis wie viel Uhr kann man frühstücken?**
〜まで　何時　　　　　　　〜できますか　朝食をとる

□ 部屋で朝食がとれますか？

カン　　　イヒ　アオフ マイネム　　　ツィマー　　　フリューシュテュッケン
**Kann ich auf meinem Zimmer frühstücken?**
〜できますか　〜で　　私の　　　　部屋　　　　朝食をとる

　　　　　　　前置詞

□ 貴重品を預かっていただけますか？

カン　　　イヒ　　マイネ　　ヴェアトザッヘン　　　ヒンターレーゲン
**Kann ich meine Wertsachen hinterlegen?**
〜できますか　　私の　　　貴重品　　　　　　預ける

□ ここからEメールが送れますか？

カン　　　イヒ　フォン　ヒーア　アイネ　イー メイル　シッケン
**Kann ich von hier eine E-Mail schicken?**
〜できますか　〜から　ここ　　　　　Eメール　　送る

⇒ **von** は「〜から」という前置詞。**E-Mail**（Eメール）はもともと英語ですが、女性名詞に分類されています。

PART 4

すぐに話せる！ドイツ旅行重要フレーズ

117

# 15 Lektion ホテルで〈ルームサービス〉

## よく使う表現

《ドアをノックされたら》

□ どなたですか？

**Wer ist da?**
ヴェーア イスト ダー
誰　ですか そこに

英語の who に相当します。

□ ちょっと待ってください。

**Einen Moment, bitte.**
アイネン　モメント　ビッテ
　　　一瞬（すこしの間）

□ お入りください。

**Herein, bitte.**
ヘライン　ビッテ
中へ

## 関連表現・事項

■ チップの目安について

　ドイツではチップの習慣があります。
　ホテルのポーターには 50 セント〜 1 ユーロを渡し，ルームメイドにも同じくらいの金額をサイドテーブルに置くか枕の下に入れておきます。
　レストランでは，合計が 18 ユーロなら 20 ユーロを渡しておつりの 2 ユーロをチップにするという具合に，端数を切り上げて支払います。
　タクシーの運転手にも同様にしてチップを渡します。

## すぐに使えるフレーズ

□ もしもし，ルームサービスをお願いします。

ハロー　　　ツィマー ベディーヌング　　　ビッテ
**Hallo. Zimmerbedienung, bitte.**
　もしもし　　　　　　ルームサービス　　　　　　　お願いします

⇒「ルームサービス」は **Zimmerservice**［ツィマーゼーァヴィス］ともいいます。

□ こちらは 231 号室です。

ヒーア　イスト　ツィマー ヌマー　　　　　ツヴァイ ドライ アインス
**Hier ist Zimmernummer 231.**
こちらは　〜です　　　ルームナンバー

□ 氷とグラスをお願いします。

ブリンゲン　　　ズィー　ビッテ　　アイスヴュルフェル　ウント　グレーザー
**Bringen Sie bitte Eiswürfel und Gläser!**
　持って来る　　　　　　　　　　　　　氷　　　　　　　　　　グラス

⇒ **Decke**［デッケ］(f)「毛布」

□ パン 2 個とバターをお願いします。

イヒ　メヒテ　　　ツヴァイ　ブレートヒェン　ミット　ブター
**Ich möchte zwei Brötchen mit Butter.**
〜がほしい　　　2　　　　パン　　　　　〜付きの　バター

□ ドライヤーを借りたいのですが。

イヒ　メヒテ　　　ゲルネ　　アイネン　フェーン　アオスライエン
**Ich möchte gerne einen Fön ausleihen.**
　〜したいのですが　喜んで　　　　　　ドライヤー　借りる

119

☐ 明朝6時に起こしてください。

**Bitte wecken Sie mich morgen früh um**
ビッテ　ヴェッケン　ズィー　ミヒ　モルゲン　フリュー　ウム
お願いします　起こす　あなた　私を　明日　朝早く

**sechs Uhr.**
ゼクス　ウーア
　6　時

「7時」なら
sieben Uhr［ズィーベン ウーア］
時刻の言い方はP.41～を参照してください。

☐ タオルを持って来ていただけますか？

**Können Sie mir bitte ein Handtuch**
ケネン　ズィー　ミーア　ビッテ　アイン　ハントトゥーフ
～していただけますか　私に　お願いします　タオル

**bringen?**
ブリンゲン
持ってくる

☐ すぐに部屋に来ていただけますか？

**Können Sie bitte jemanden schicken?**
ケネン　ズィー　ビッテ　イェーマンデン　シッケン
～していただけますか　だれかを　送る

☐ 洗濯物があるのですが。

**Ich möchte etwas in die Wäsche geben.**
イヒ　メヒテ　エトヴァス　イン　ディー　ヴェッシェ　ゲーベン
～したいのですが　何か　洗濯　出す

□ このズボンを明日までにクリーニングしていただけますか？

ケネン　　　ズィー ビッテ　　ディー ホーゼ　　ビス　モルゲン
**Können Sie bitte die Hose bis morgen**
〜していただけますか　　　　　　　ズボン　〜まで　明日

ライニゲン
**reinigen?**
クリーニングする

◇「スーツ」　　**Anzug**［アンツーク］*(m)*
◇「ワンピース」　**Kleid**［クライト］*(n)*
◇「ブラウス」　**Bluse**［ブルーゼ］*(f)*
◇「シャツ」　　**Hemd**［ヘムト］*(n)*

□ 仕上がりはいつですか？

ヴァン　　イスト　エス　フェルティヒ
**Wann ist es fertig?**
いつ　　　　　　　　終わる

PART 4

すぐに話せる！ドイツ旅行重要フレーズ

# 16 Lektion ホテルで〈困ったとき〉

### ショート対話

□ A: すぐに修理してください。

ケンテン　　　　ズィー エス ビッテ　ゾフォルト　レバリーレン
**Könnten Sie es bitte sofort reparieren**
〜していただけますか　　　　　　　すぐに　　修理する

ラッセン
**lassen?**

※ ここにアクセントがあります。

□ B: わかりました。

アレス　　クラール
**Alles klar.**

□ A: 誰か人をよこしてください。

ケネン　　　　ズィー ビッテ　イェーマンデン　　シッケン
**Können Sie bitte jemanden schicken?**
〜していただけますか　　だれかを　　　送る

□ B: わかりました。

アレス　　クラール
**Alles klar.**

---

**関連表現・事項**

□ 困っています。

イヒ　ハーベ　アイン プロブレーメ
**Ich habe ein Problem.**

□ 早く来てください。

コメン　　　ズィー ビッテ　シュネル
**Kommen Sie bitte schnell!**
来る　　　　　　　　　早く

## すぐに使えるフレーズ

☐ トイレの水が流れません。

ディー　トアレッテン　シュピュールング　　イスト　ニヒト　　イン　オルドヌング
**Die Toilettenspülung ist nicht in Ordnung.**
　　トイレの水洗　　　　　　　　　〜です　ない　　　　　　正常

☐ シャワーが壊れています。

ディー　ドゥーシェ　　　イスト　ニヒト　　イン　オルドヌング
**Die Dusche ist nicht in Ordnung.**
　　シャワー　　　　　　　　ない　　　　　　正常

☐ お湯が出ません。

エス　　コムト　　　　カイン　　ヴァルメス　　　ヴァッサー
**Es kommt kein warmes Wasser.**
　　出る　　　　1つも〜ない　温かい　　　水

☐ 部屋をかえていただけますか？

カン　　イヒ　ビッテ　アイン　アンデレス　ツィマー　　ハーベン
**Kann ich bitte ein anderes Zimmer haben?**
　〜できますか　　　　　　　別の　　　　部屋　　　持つ

「持つことができますか？」で「〜していただけますか」

☐ 鍵を部屋に置き忘れました。

イヒ　ハーベ　　デン　シュリュッセル　イム　ツィマー　　フェアゲッセン
**Ich habe den Schlüssel im Zimmer vergessen.**
　　〜しました　　　　鍵　　　　　〜に　部屋　　　忘れる

☐ 部屋を掃除してください。

マッヘン　　ズィー　ビッテ　　マイン　ツィマー　　ザオバー
**Machen Sie bitte mein Zimmer sauber.**
　〜にする　　　お願いします　私の　　部屋　　　きれいに

PART 4

すぐに話せる！ドイツ旅行重要フレーズ

123

# 17 Lektion ホテルで〈チェックアウト〉

## ショート対話

□ A: チェックアウトは何時ですか？

ビス　ヴァン　ムス　イヒ　ダス　ツィマー
**Bis wann muss ich das Zimmer**
〜まで　いつ　〜できますか　　　部屋

フェアラッセン
**verlassen?**
去る

□ B: 10時です。

ウム　ツェーン　ウーア
**Um zehn Uhr.**
〜です　10　時

時刻はスラスラ言えるようにしておきましょう（P.41, 42）

□ A: ありがとう。

ダンケ
**Danke.**
ありがとう

## 関連表現・事項

□ もう1泊したいのですが。

イヒ　メヒテ　ノッホ　アイネン　ターク　ブライベン
**Ich möchte noch einen Tag bleiben.**
〜したいのですが　もう　1　日　とどまる

□ 一日早く出発したいのですが。

イヒ　メヒテ　アイネン　ターク　フリューアー　アプライゼン
**Ich möchte einen Tag früher abreisen.**
〜したいのですが　1　日　早く　出発する

124

## すぐに使えるフレーズ

☐ チェックアウトお願いします。

イヒ　メヒテ　　　イェッツト　アプライゼン
**Ich möchte jetzt abreisen.**
〜したいのですが　　　今　　　出発する

☐ クレジットカードで払えますか？

カン　　イヒ　　ミット　クレディートカルテ　　ベツァーレン
**Kann ich mit Kreditkarte bezahlen?**
〜できますか　　〜で　　クレジットカード　　　支払う

⇒ **zahlen**［ツァーレン］と **bezahlen**［ベツァーレン］は同じように使えます。

☐ お勘定をお願いします。

ディー　レヒヌング　　　ビッテ
**Die Rechnung, bitte.**
　　　　勘定

☐ 領収書をください。

アイネ　　クヴィットゥング　　ビッテ
**Eine Quittung, bitte.**
　　　　領収書

☐ タクシーを呼んでいただけますか？

ケネン　　　ズィー　ミーア　ビッテ　アイン タクスィー　ルーフェン
**Können Sie mir bitte ein Taxi rufen?**
〜していただけますか　　　　　　　　　タクシー　呼ぶ

bitte は文頭でも文中でも使えます。

☐ 計算に間違いがあると思うのですが。

イヒ　グラオベ　　ディー　レヒヌング　　シュティムト　ニヒト
**Ich glaube, die Rechnung stimmt nicht.**
私　　思う　　　　　計算　　　　　合う　　　ない

125

# ■ホテル

| 予約 | **Reservierung** *(f)* <br> レゼァヴィールング | 朝食付き | **mit Frühstück** <br> ミット フリューシュテュック |
|---|---|---|---|
| 予約する | **reservieren** <br> レゼァヴィーレン | バス | **Bad** *(n)* <br> バート |
| 確認書 | **Bestätigung** *(f)* <br> ベシュテーティグング | タオル | **Handtuch** *(n)* <br> ハントトゥーフ |
| 受付 | **Rezeption** *(f)* <br> レツェプツィオーン | 石鹸 | **Seife** *(f)* <br> ザイフェ |
| ポーター | **Gepäckträger** *(m)* <br> ゲペックトレーガー | シャンプー | **Shampoo** *(n)* <br> シャムプー |
| 鍵 | **Schlüssel** *(m)* <br> シュリュッセル | お湯 | **warmes Wasser** *(n)* <br> ヴァーメス　ヴァッサー |
| 部屋 | **Zimmer** *(n)* <br> ツィマー | トイレの水洗 | **Toilettenspülung** *(f)* <br> トアレッテン シュピュールング |
| バス付き | **mit Bad** <br> ミット　バート | トイレットペーパー | **Toilettenpapier** *(n)* <br> トアレッテン パピーア |
| シャワー付き | **mit Dusche** <br> ミット ドゥーシェ | 暖房 | **Heizung** *(f)* <br> ハイツング |
| トイレ付き | **mit Toilette** <br> ミット トアレッテ | | |

|  |  |  |  |
|---|---|---|---|
| テレビ | **Fernseher** *(m)* フェルンゼーア | 非常口 | **Notausgang** *(m)* ノートアオスガング |
| 目覚し時計 | **Wecker** *(m)* ヴェッカー | クリーニング | **Reinigung** *(f)* ライニグング |
| ドライヤー | **Fön** *(m)* フェーン | 洗濯物 | **Wäsche** *(f)* ヴェッシェ |
| ホテル | **Hotel** *(n)* ホテル | | |
| ペンション | **Pension** *(f)* ペンジオーン | | |
| ユースホステル | **Jugendherberge** *(f)* ユーゲント ヘア ベァゲ | | |
| ロビー | **Empfangshalle** *(f)* エンプファングスハレ | | |
| 食堂 | **Speisesaal** *(m)* シュパイゼザール | | |
| 1階 | **Erdgeschoss** *(n)* エアトゲショス | | |
| 2階 | **der erste Stock** *(m)* デア エアステ シュトック | | |

PART 4 すぐに話せる！ドイツ旅行重要フレーズ

# 18 Lektion レストランで

## ショート対話

□ A: 私たちはどのくらい待ちますか？

ヴィー　ランゲ　　ミュッセン　　ヴィーア ヴァルテン
**<u>Wie lange</u> müssen wir warten?**
どのくらい　　　　ねばならない　私たちは　待つ

→ 時間の長さをたずねる。

（wann は「いつ」という時間そのものをたずねる。）

□ B: 30分ほどで空くと思います。

エス　ダウアート　ノッホ　エトヴァ　アイネ　ハルベ　シュトゥンデ
**Es dauert noch etwa eine halbe Stunde.**
　　　続く　　　まだ　　約　　　　　半分の　　時間

□ A: 正装の必要はありますか？

ムス　イヒ　ミヒ　　フォルメル　　アンツィーエン
**Muss ich mich formell anziehen?**
〜ねばならない　　　　公式の　　　着る

□ B: いいえ，ご自由にしてください。

ナイン　　ヴィー　ズィー　ヴォレン
**Nein, wie Sie wollen.**
いいえ

---

**関連表現・事項**

□ アップルジュースがほしいのですが。

イヒ　メヒテ　　　アイネン　　アプフェルザフト
**Ich möchte einen Apfelsaft.**
〜がほしいのですが　　1杯　　アップルジュース

⇒ **Saft**(f) は「ジュース」という意味です。果物と組み合せると「〜ジュース」となります。**einen Apfelsaft** は「アップルジュース1杯」ですが，**ein Glas Apfelsaft** だと「コップ1杯」，**eine Flasche Apfelsaft** だと「1本」というように容器を明示できます。

## すぐに使えるフレーズ

☐ 評判の店を教えてくれますか？

ケネン　　　ズィー　ミア　　ビッテ　　アイン　グーテス
**Können Sie mir bitte ein gutes**
〜していただけますか　私に　　　　　　　　良い

レストラーン　　　エンプフェーレン
**Restaurant empfehlen?**
レストラン　　　　すすめる

☐ 手ごろな値段でおいしい店はありますか？

ケネン　　　ズィー　アイン グーテス　　ウント　プライスヴェアテス
**Kennen Sie ein gutes und preiswertes**
知っている　　　　良い　　　　　　値段が手ごろな

「〜と」

レストラーン
**Restaurant?**
レストラン

☐ 私はすてきなレストランを見つけました。

イヒ　　ハーベ　　アイン　ネッテス　　レストラーン　　　ゲフンデン
**Ich habe ein nettes Restaurant gefunden.**
私は〜した　　　すてきな　　レストラン　　　見つける

過去分詞

☐ 8時に予約しているイマイです。

イヒ　　ハーベ　　アイネン　ティッシュ　フューア　アハト　ウーア　レゼルヴィーアト
**Ich habe einen Tisch für 8 Uhr reserviert.**
私は〜した　　　　テーブル　　　　　時　　予約する

マイン　　ナーメ　　イスト　イマイ
**Mein Name ist Imai.**
私の　　　名前

□ A: 何名様ですか？

<small>ヴィー　フィーレ　ペルゾーネン</small>
**Wie viele Personen?**
<small>いくら　　　　　人</small>

□ B: 4人です。

<small>フィーア ペルゾーネン</small>
**Vier Personen.**
<small>4　　　人</small>

( 1人 … Eins Personen.
  2人 … Zwei Personen.
  5人 … Fünf Personen.

□ 禁煙席をお願いします。

<small>アイネン　　ニヒトラオハー プラッツ　　　ビッテ</small>
**Einen Nichtraucherplatz, bitte.**
<small>　　　　　　禁煙席</small>

□ 3人用のテーブルは空いていますか？

<small>ハーベン　　　ズィー アイネン　　ティッシュ フューア ドライ ペァゾーネン</small>
**Haben Sie einen Tisch für drei Personen**
<small>〜はありますか　　　　　　テーブル　　　　　　3人</small>

<small>フライ</small>
**frei?**
<small>空いた</small>

英語の for にあたり
「〜用の」という意味です。

□ 何時なら大丈夫ですか？

<small>ヴァン　　ハーベン　　ズィー アイネン　ティッシュ　フライ</small>
**Wann haben Sie einen Tisch frei?**
<small>いつ　　〜ありますか　　　　　テーブル　　空いた</small>

## 【飲み物を注文する】

□ 注文したいのですが。

イヒ　メヒテ　　ゲルネ　　　ベシュテレン
**Ich möchte gerne bestellen.**
〜したいのですが　好んで　　注文する

□ 食前酒は何がおすすめですか？

ヴァス　フューア　アイネン　アペリティーフ　ヴュルデン　ズィー　ミア
**Was für einen Aperitif würden Sie mir**
どんな　　　　　　食前酒

エンプフェーレン
**empfehlen?**
すすめる

□ ミネラルウォーターをください。

アイン　　ミネラールヴァッサー　　　ビッテ
**Ein Mineralwasser, bitte.**
　　　ミネラルウォーター　　　　　お願いします

⇒ ミネラルウォーターもビールと同じ中性名詞ですから4格で **ein** です。

□ オレンジジュースがほしいのですが。

イヒ　メヒテ　　アイネン　　オラーンジェンザフト
**Ich möchte einen Orangensaft.**
〜がほしいのですが　　　オレンジジュース

<u>男性名詞4格の前につける　不定冠詞。</u>

□ ワインをください。

イヒ　メヒテ　　アイネン　　ヴァイン
**Ich möchte einen Wein.**
〜がほしいのですが　一杯の　　ワイン

PART 4　すぐに話せる！ドイツ旅行重要フレーズ

131

□ 1本の赤ワインがほしいのですが。

イヒ　メヒテ　　　アイネ　　フラッシェ　　　ロートヴァイン
**Ich möchte eine Flasche Rotwein.**
〜がほしいのですが　　1本の，1瓶の　　　赤ワイン

⇒ 2本ワインがほしいときは，**zwei Flaschen Rotwein**［ツヴァイ フラッシェン ロートヴァイン］と **Flasche**［フラッシェ］を複数形にします。

□ ワインはグラスで注文できますか？

カン　　イヒ　アイン　グラース　ヴァイン　　ベシュテレン
**Kann ich ein Glas Wein bestellen?**
〜できますか　　　　　グラス　　　　　　注文する

□ おすすめの地酒はありますか？

ハーベン　　　ズィー　アイネン　　グーテン　　ヴァイン　　アオス　ディーザー
**Haben Sie einen guten Wein aus dieser**
〜はありますか　　　　　　　　　良い　　　ワイン　　　　　この

ゲーゲント
**Gegend?**
地方

□ 辛口の白ワインはありますか？

ハーベン　　　ズィー　アイネン　　トロッケネン　　　ヴァイスヴァイン
**Haben Sie einen trockenen Weißwein?**
〜はありますか　　　　　　　　辛口の　　　　　　　白ワイン

□ ハウスワインはありますか？

ハーベン　　　ズィー　アイネン　　ハオスヴァイン
**Haben Sie einen Hauswein?**
〜はありますか　　　　　　　　ハウスワイン

trocken (辛口)
lieblich (甘口)
リープリヒ

□ ビールがほしいのですが。

アイン　ビーア　ビッテ
**Ein Bier, bitte.**
1つ　ビール　お願いします

※ Bierは中性名詞なので不定冠詞は中性4格のeinを使います。

□ 乾杯！

プローズィット
**Prosit!**

ツム　ヴォール
**Zum Wohl!**

プロースト
**Prost!**

□ ビールをもう一杯お願いします。

ノッホ　アイン ビーア　ビッテ
**Noch ein Bier, bitte.**

Noch →「もう」という意味。

□ グラスワインを1杯お願いします。

アイン　グラース　ヴァイン　ビッテ
**Ein Glas Wein, bitte.**
グラス1杯　　ワイン

⇒ **ein Glas**（1杯の〜）という表現を使うと，何に入っているのかがよくわかります。「コーヒー1杯」なら **eine Tasse Kaffee**［アイネ タッセ カフェ］。

PART 4　すぐに話せる！ドイツ旅行重要フレーズ

## 【料理を注文する】

□ すみません。（呼びかけ）

エントシュルディグング
**Entschuldigung.**

□ 早くできるものがありますか？

ヴァス　カン　　イヒ　イェッツト　グライヒ　ベコメン
**Was kann ich jetzt gleich bekommen?**
　何が　〜できますか　　　今　　　すぐに　　　手に入れる

□ 定食にします。

イヒ　ネーメ　　ダス　メニュー
**Ich nehme das Menü.**
　　　食べる　　　　　　定食

□ メニューをお願いします。

ディー　シュパイゼカルテ　　　ビッテ
**Die Speisekarte, bitte!**
　　　　メニュー　　　　　　　お願いします

⇒ **die** は女性名詞につく定冠詞。

*ドイツ語のMenü[メニュー]は「コース料理」の意味です。*

□ 今日のおすすめ料理は何ですか？

ヴァス　　ケネン　　ズィー　ホイテ　　エンプフェーレン
**Was können Sie heute empfehlen?**
　何を　　〜できますか　あなた　今日　　　すすめる

□ おすすめの料理は何ですか？

ヴァス　エンプフェーレン　ズィー
**Was empfehlen Sie?**
何を　　すすめる

□ おすすめ料理はどれですか？

ヴァス　フューア アイン ゲリヒト　エンプフェーレン　ズィー
**Was für ein Gericht empfehlen Sie?**
　　　　　　　　料理　　　　　　すすめる

□ この地方の名物料理は何ですか？

ヴァス　イスト　ディー　シュペツィアリテート　ディーザー　ゲーゲント
**Was ist die Spezialität dieser Gegend?**
　　　　　　　　　　　名物　　　　　　　この　　　　地方

□ 仔牛のローストをお願いします。

イヒ　メヒテ　　アイネン　　カルプスブラーテン
**Ich möchte einen Kalbsbraten.**
〜がほしい　　　　　　　仔牛のロースト

□〈メニューを指して〉これをください。

イヒ　メヒテ　　ダス　ヒーア　ハーベン
**Ich möchte das hier haben.**
〜がほしい　　　　　　ここ

□〈テーブルの料理を指して〉あれと同じものをください。

ブリンゲン　　ズィー ミーア　ビッテ　　ダス　　グライヒェ
**Bringen Sie mir bitte das Gleiche.**
持ってくる　　　　私に　お願いします　　同じもの

135

□ 焼きソーセージをください。

イヒ　ヘッテ　ゲルネ　アイネ　ブラートヴルスト
**Ich hätte gerne eine Bratwurst.**
〜がほしいのですが　　　　１本の　焼きソーセージ

「私は〜を持ちたい」/ Ich möchte 〜 と同じように使えます。

□ ローストポークをください。

アイネン　シュヴァイネ ブラーテン　　ビッテ
**Einen Schweinebraten, bitte.**
　　　　　ローストポーク

⇒ **Schweine** は「豚」，**Braten** は「ロースト」です。**Rinder**［リンダー］（牛）をつければ，**Rinderbraten**「ローストビーフ」になります。

## 【確認する】

□ 頼んだものがまだこないのですが。

イヒ　ハーベ　マイン　エッセン　ノホ　ニヒト
**Ich habe mein Essen noch nicht**
私は〜した　私の　　食事　　まだ　ない

ベコメン
**bekommen.**
手に入れる

□ これは何ですか？

ヴァス　イスト ダス
**Was ist das?**
　何　〜ですか これは

□ これは頼んでいません。

ダス　ハーベ　イヒ　ニヒト　ベシュテルト
**Das habe ich nicht bestellt.**
それを　私は〜した　ない　注文した

□ フォークをもう1本ください。

ノッホ　アイネ　ガーベル　ビッテ
**Noch eine Gabel, bitte.**
もう　　　　フォーク

□ これを下げてください。

ケネン　ズィー　ディース　ビッテ　アプロイメン
**Können Sie dies bitte abräumen?**
〜していただけますか　これ　　　片づける

□ テーブルの上を片づけてください。

ケネン　ズィー　デン　ティッシュ　ビッテ　アプロイメン
**Können Sie den Tisch bitte abräumen?**
〜していただけますか　　テーブル　　　片づける

□ この料理を温めてください。

ケネン　ズィー　ビッテ　ダス　エッセン　ヴァルム
**Können Sie bitte das Essen warm**
〜していただけますか　　　　食事　　温かい

マッヘン
**machen?**
する

## 【デザートを頼む】

□ デザートは何がありますか？

ヴァス　ハーベン　ズィー　ツム　ナーハティッシュ
**Was haben Sie zum Nachtisch?**
何が　　ありますか　　　　デザートに

□ コーヒーを1杯ほしいのですが。

イヒ　メヒテ　　　アイネ　タッセ　　カフェ
**Ich möchte eine Tasse Kaffee.**
〜がほしいのですが　　1杯の　　　コーヒー

⇒ **eine Tasse ~**［アイネ タッセ］「1杯の〜」。**eine Tasse Tee**［アイネ タッセ テー］「1杯の紅茶」などと言います。

□ ごちそうさま。

エス　ヴァー　ゼーア　グート
**Es war sehr gut.**
それは　〜だった　とても　良い

□ とてもおいしいです。

エス　シュメックト　　ゼーア　　グート
**Es schmeckt sehr gut.**
それは　味がする　　　とても　良い

さっと言えるようにしておきましょう。

□ もう十分です。

イヒ　ハーベ　ゲヌーク　ダンケ
**Ich habe genug, danke.**
私は　持つ　　十分に　　ありがとう

□ A: 味はどうでしたか？

ヴィー　ハット エス　イーネン　　ゲシュメックト
**Wie hat es Ihnen geschmeckt?**
どのような それは〜した あなたにとって　味がする

□ B: おいしかったです。

ゼーア　　グート
**Sehr gut!**

□ 残りを持ち帰りにできますか？

カン　　イヒ　デン　レスト　　ミットネーメン
**Kann ich den Rest mitnehmen?**
〜できますか　　　　残り　　持って帰る

## 【支払い】

□ お勘定をお願いします。

ビッテ　　　ベツァーレン
**Bitte bezahlen!**
お願いします　支払う

□ クレジットカードで支払えますか？

カン　　イヒ　ミット　クレディートカルテ　　ベツァーレン
**Kann ich mit Kreditkarte bezahlen?**
〜できますか　　　　クレジットカード　　　支払う

□ 勘定が間違っているようです。

イヒ　グラオベ　　ディー レヒヌング　　シュテイムト　ニヒト
**Ich glaube, die Rechnung stimmt nicht.**
　思う　　　　　　勘定　　　　　合う　　　ない

## ■レストラン

|  |  |
|---|---|
| レストラン | **Restaurant** (n) レストラーン |
| 軽食堂 | **Imbiss** (n) インビス |
| スープ | **Suppe** (f) ズッペ |
| トマトスープ | **Tomatensuppe** (f) トマーテンズッペ |
| 野菜のスープ | **Gemüsesuppe** (f) ゲミューゼズッペ |
| メインディッシュ | **Hauptgerichte** (pl) ハオプトゲリヒテ |
| ローストポーク | **Schweinebraten** (m) シュヴァイネブラーテン |
| カツレツ | **Kotelett** (n) コテレット |
| ウィーン風カツレツ | **Wiener Schnitzel** (n) ヴィーナー シュニッツェル |
| グーラシュ | **Gulaschsuppe** (f) グーラシュズッペ （ハンガリー風ビーフシチュー） |
| アイスバイン | **Eisbein** (n) アイスバイン |
| 仔牛のロースト | **Kalbsbraten** (m) カルプスブラーテン |
| ローストチキン | **Brathähnchen** (n) ブラートヘーンヒェン |
| 冷菜 | **kalte Gerichte** (pl) カルテ ゲリヒテ |
| チーズの盛り合せ | **Käseteller** (m) ケーゼテラー |
| ハムの盛り合せ | **Schinkenplatte** (f) シンケン プラッテ |
| サラダ | **Salat** (m) ザラート |

|  |  | |  |  |
|---|---|---|---|---|
| ミックスサラダ | **gemischter Salat** *(m)*<br>ゲミッシュター　ザラート | | 紅茶 | **Tee** *(m)*<br>テー |
| トマトサラダ | **Tomatensalat** *(m)*<br>トマーテン ザラート | | オレンジジュース | **Orangensaft** *(m)*<br>オランジェン ザフト |
| デザート | **Dessert** *(n)*<br>デセーア | | アップルジュース | **Apfelsaft** *(m)*<br>アプフェルザフト |
| | **Nachtisch** *(m)*<br>ナーハティッシュ | | コーラ | **Cola** *(f)*<br>コーラ |
| キルシュトルテ | **Kirschtorte** *(f)*<br>キァシュトーテ | | ミネラルウォーター | **Mineralwasser** *(n)*<br>ミネラールヴァッサー |
| アップルパイ | **Apfelstrudel** *(m)*<br>アプフェル シュトルーデル | | ビール | **Bier** *(n)*<br>ビーア |
| アイスクリーム | **Eis** *(n)*<br>アイス | | 白ワイン | **Weißwein** *(m)*<br>ヴァイス ヴァイン |
| ケーキ | **Kuchen** *(m)*<br>クーヘン | | 赤ワイン | **Rotwein** *(m)*<br>ロート ヴァイン |
| 飲み物 | **Getränke** *(pl)*<br>ゲトレンケ | | | |
| コーヒー | **Kaffee** *(m)*<br>カフェ | | | |

PART 4　すぐに話せる！ドイツ旅行重要フレーズ

# 19 Lektion インビス（軽食堂）

## ショート対話

□ A: 何にしましょうか？

ビッテ　シェーン
**Bitte schön?**

□ B: ハンバーガーとコーヒーをください。

アイネン　ハンバーガー　　ウント　アイネン　カフェ　　ビッテ
**Einen Hamburger und einen Kaffee, bitte.**
　ハンバーガー　　　と　　　　　　コーヒー

□ A: お持ち帰りですか？

ツム　　ミットネーメン
**Zum Mitnehmen?**
〜用　持って行く

□ B: ここで食べます。

イヒ　エッセ　ヒーア
**Ich esse hier.**
私は　食べる　ここで

---

**関連表現・事項**

□ このセットをください。

ディーゼス　メニュー　ビッテ
**Dieses Menü, bitte.**

□ トイレはどこですか？

ヴォー　イスト　ディー　トァレッテ
**Wo ist die Toilette?**

発音に注意。

## すぐに使えるフレーズ

☐ セットメニューはありますか？

ハーベン　ズィー　メニュース
**Haben Sie Menüs?**
〜はありますか　　　　定食，コース料理

☐ コーラのMサイズをください。

アイネ　ミッテルグローセ　コーラ　ビッテ
**Eine mittelgroße Cola, bitte.**
　　　　Mサイズの　　　　　コーラ

☐ マスタードをつけてください。

ミット ゼンフ　ビッテ
**Mit Senf, bitte.**
からし付き

⇒「〜なし」は，**ohne**［オーネ］を使います。

*mitは「〜に付き」を意味する前置詞。「マスタードなし」ならOhne Senf, bitte.*

☐ 持ち帰り用でお願いします。

ツム　ミットネーメン　ビッテ
**Zum Mitnehmen, bitte.**
〜用　　持って行く

☐ 持って帰ります。

イヒ　ネーメ　エス　ミット
**Ich nehme es mit.**

☐ ここに座ってもいいですか？

ダルフ　イヒ　ミヒ　ヒーアヒン　ゼッツェン
**Darf ich mich hierhin setzen?**
〜してもいいですか　私を　ここに　　座らせる

⇒ **setzen**［ゼッツェン］は不定詞（動詞の原形）。

# 20 Lektion ショッピング〈品物を探す〉

## ショート対話

□ A: いらっしゃいませ，何かお探しですか？

グーテン　ターク　カン　イヒ　イーネン　ヘルフェン
**Guten Tag. Kann ich lhnen helfen?**
こんにちは　　　　〜できますか　あなたを　助ける

□ B: ちょっと見ているだけです。ありがとう。

イヒ　メヒテ　　ミヒ　　ヌア　ウムシャオエン　　ダンケ
**Ich möchte mich nur umschauen. Danke.**
〜したいのですが　　　　だけ　見る　　　　　　ありがとう

□ B: おみやげを探しています。

イヒ　ズーヘ　　アイン　ズヴェニーア
**Ich suche ein Souvenir.**
　　　　探す　　　　　みやげ

## 関連表現・事項

□ プレゼントを買いたいのですが。

イヒ　メヒテ　　アイニゲ　ゲシェンケ　　　カオフェン
**Ich möchte einige Geschenke kaufen.**
〜したいのですが　いくつかの　プレゼント　　買う

## すぐに使えるフレーズ

☐ 近くに免税店はありますか？

ギープト エス イン デア ネーエ アイン ツォルフライエス
**Gibt es in der Nähe ein zollfreies**
〜はありますか　　　　　　近く　　　　　免税の

ゲシェフト
**Geschäft?**
店

「〜がある」は es gibt + 4格
英語の there is [are]にあたる
表現です。

☐ A: 免税店で買い物できますか？

カン　イヒ　ダス　ツォルフライ　カオフェン
**Kann ich das zollfrei kaufen?**
　　　　　　　　免税で

☐ B: ええ，もちろんですとも。

アーバー　ナテューアリヒ
**Aber natürlich!**

☐ この地方の特産品は何ですか？

ヴァス　ズィント ディー　シュペツィアリテーテン　ディーザー　ゲーゲント
**Was sind die Spezialitäten dieser Gegend?**
　　　　　　　　　特産品

☐ 香水売り場はどこですか？

ヴォー イスト ディー　パーフューム　アプタイルング
**Wo ist die Parfümabteilung?**
どこ　ですか　　　香水　　　売り場

☐ ネクタイを探しているのですが。

イヒ　ズーヘ　アイネ　クラヴァッテ
**Ich suche eine Krawatte.**
私は　探す　　　　ネクタイ

PART 4

すぐに話せる！ドイツ旅行重要フレーズ

145

# 21 Lektion ショッピング〈試してみる〉

## ショート対話

□ A: 試着していいですか？

カン　イヒ　ダス　アンプロビーレン
**Kann ich das anprobieren?**
～できますか　　　　　試着する

□ B: ええ，もちろんですとも。

アーバー　ナテューアリヒ
**Aber natürlich!**

□ A: これを見せていただけますか？

ケネン　　ズィー　ミーア　ダス　ビッテ　ツァイゲン
**Können Sie mir das bitte zeigen?**
～していただけますか　私に　　　　お願いします　見せる

□ B: はい，どうぞ。

ヤー　ビッテ
**Ja, bitte.**

## 関連表現・事項

■ドイツでは商品を勝手に手に取るのはマナー違反です。先に店員に声をかけます。

□ 手にとってもいいですか？

ダルフ　イヒ　エス　イン　ディー　ハント　ネーメン
**Darf ich es in die Hand nehmen?**
～してもいいですか　　それを　　手に　　取る

## すぐに使えるフレーズ

☐ このハンドバッグを見せていただけますか？

カン　　イヒ　ミア　　ビッテ　　ディーゼ　　ハントタッシェ
**Kann ich mir bitte diese Handtasche**
〜できますか　　　　お願いする　　このハンドバッグ

アンゼーエン
**ansehen?**
見る

*mir + 4格目的語 + ansehen で「〜をよく見る」となります。*

☐ サイズを測っていただけますか？

ケネン　　　ズィー　ビッテ　　マース　　ネーメン
**Können Sie bitte Maß nehmen?**
〜していただけますか　　　　サイズ　測る

☐ 大きすぎます。

エス　イスト　ツー　グロース
**Es ist zu groß.**
それは　〜すぎる　大きい

☐ 小さすぎます。

エス　イスト　ツー　クライン
**Es ist zu klein.**
　　　　　　　　　小さい

☐ 長[短]すぎます。

エス　イスト　ツー　ラング　　クルツ
**Es ist zu lang [kurz].**
　　　　　　　　　長い　　短い

☐ ぴったりです。

エス　パスト　　ミア　ゲナオ
**Es passt mir genau.**
　　　合う　　　　ちょうど

PART 4

すぐに話せる！ドイツ旅行重要フレーズ

147

□ 合いません。

エス パスト ミア ニヒト
**Es passt mir nicht.**
　　合う　　私に　ない

□ きついです。

エス イスト ツー エング
**Es ist zu eng.**
　それは　～すぎる　きつい

□ ゆるいです。

エス イスト ツー ヴァイト
**Es ist zu weit.**
　それは　～すぎる　ゆるい

□ もっと大きいのはありますか？

ハーベン　ズィー　ダス　ノホ　グレーサー
**Haben Sie das noch größer?**
　～はありますか　　　　～も　もっと大きい

□ もう少し小さいのはありますか？

ハーベン　ズィー　ダス　ノホ　エトヴァス　クライナー
**Haben Sie das noch etwas kleiner?**
　～はありますか　　　　もう　少し　小さい

□ サイズは何号がありますか？

ヴェルヒェ　グレーセ　ハーベン　ズィー
**Welche Größe haben Sie?**
　どの　　　サイズ　　持っていますか

klein (小さい)
kleiner (より小さい)

☞ 女性の洋服なら日本なら9号

□ 38のサイズはありますか？

ハーベン　ズィー　ダス　イン　グレーセ　アハト　ウント　ドライスィヒ
**Haben Sie** das in Größe 38?
〜はありますすか　　　　　　〜で　サイズ

□ 素材は何ですか？

アオス　ヴェルヒェム　マテリアール　イスト　ダス
**Aus welchem Material ist das?**
〜から　どの　　　　素材

□ ポリエステル[綿]です。

アオス　ポリュエスター　バオムヴォレ
**Aus Polyester [Baumwolle].**
　　　　　　　　　　木綿

□ これはドイツ製ですか？

イスト　ダス　アイン　ドイチェス　プロドゥクト
**Ist das ein deutsches Produkt?**
　　　　　　　　ドイツの　　　　製品

□ お薦めのものはありますか？

ケネン　ズィー　ミーア　エトヴァス　エンプフェーレン
**Können Sie** mir etwas empfehlen?
〜していただけますか　私に　何か　　すすめる

⇒ **empfehlen** [エンプフェーレン] は，唇をしっかり閉じて **m** を発音してから **pf** を発音します。

□ これはいかがですか？

ヴィー　ヴェーレ　エス　ダミット
**Wie** wäre es damit?

PART 4
すぐに話せる！ドイツ旅行重要フレーズ

149

□ 派手すぎます。

ダス　イスト　ツー　アオフフェリヒ
**Das ist zu auffällig.**
　　　　～すぎる　派手な

□ 地味すぎます。

ダス　イスト ツー　シュリヒト
**Das ist zu schlicht.**
　　　　　　　地味な

□ ほかの色はありますか？

ハーベン　　ズィー　ダス　イン　アイナー　アンデレン　　ファルベ
**Haben Sie das in einer anderen Farbe?**
～はありますか　　　それ　～で　　　　　ほかの　　　　色

□ ほかの型はありますか？

ハーベン　　ズィー　ダス　イン　アイネム　アンデレン　　ディザイン
**Haben Sie das in einem anderen Design?**
～はありますか　　　それ　～で　　　　　ほかの　　　　型

□ A: 他のを見せてください。

ケネン　　　ズィー　ミア　ビッテ　エトヴァス　アンデレス
**Können Sie mir bitte etwas anderes**
　　　　　　　　　　　　　　　　　いくらか　　ほかの

ツァイゲン
**zeigen?**
見せる

□ B: あいにく在庫がございません。

ダス イスト ライダー アオスフェアカオフト
**Das ist leider ausverkauft.**
売り切れの

□ ちょっと考えさせてください。

ラッセン ズィー ミーア エトヴァス ツァイト ツム ユーバーレーゲン
**Lassen Sie mir etwas Zeit zum Überlegen.**
〜させる　　　私にとって　少し　　時間　〜のために　考える

□ ここに汚れがありました。

ヒーア イスト アイン シュムッツ フレック
**Hier ist ein Schmutzfleck.**
ここ　　　　　　汚れ

□ 破れています。

エス イスト ゲリッセン
**Es ist gerissen.**
それは　　破れている

□ 壊れています。

エス イスト カプット
**Es ist kaputt.**
それは　　壊れている

□ 交換したいのですが。

イヒ メヒテ ダス ウムタオシェン
**Ich möchte das umtauschen.**
　〜したいのですが　　　　交換する

PART 4

すぐに話せる！ドイツ旅行重要フレーズ

151

# 22 Lektion ショッピング〈値段交渉と支払い〉

## よく使う表現

□ それをください。

イヒ　メヒテ　　ダス　　ハーベン
**Ich möchte das haben.**
〜したいのですが　それ　持つ

□ いくらですか？

ヴァス　コステット　ダス
**Was kostet das?**
何　値段が〜である

□ 全部でいくらですか？

ヴィー　フィール　マハト　　ダス　　ツザメン
**Wie viel macht das zusammen?**
どのくらい　〜になる　　　　全部で

「金額が〜になる」という意味があります。

---

**関連表現・事項**

□ 私はバッグを買いました。

イヒ　ハーベ　アイネ　タッシェ　　ゲカオフト
**Ich habe eine Tasche gekauft.**
〜しました　　　　かばん　　買う

⇒ **gekauft**［ゲカオフト］の原形は **kaufen**［カオフェン］。

## すぐに使えるフレーズ

☐ それをいただきます。

ダス　ネーメ　イヒ
**Das nehme ich.**
それを　取る

☐ これをいただいてもいいですか？

カン　　イヒ　ディース　ベコメン
**Kann ich dies bekommen?**
〜できますか　これ　　もらう

☐ 少し安くなりますか？

カン　　イヒ　ダス　ニヒト　　アイン ビスヒェン　　ビリガー
**Kann ich das nicht ein bisschen billiger**
　　　　　　　　　ない　　　　　　少し　　　　　　もっと安く

カオフェン
**kaufen?**
買う

☐ レジはどこですか？

ヴォー イスト ディー カッセ
**Wo ist die Kasse?**
どこ　ですか　　　レジ

☐ お支払いはどうなさいますか？

ヴィー　　メヒテン　　ズィー　ダフューア　ベツァーレン
**Wie möchten Sie dafür bezahlen?**
どのように　　　　　　　　そのために　支払う

zahlen も ツァーレン bezahlen と同じように使えます。

☐ トラベラーズチェックでいいですか？

カン　　イヒ　ミット ライゼシェックス　　ベツァーレン
**Kann ich mit Reiseschecks bezahlen?**
〜できますか　　トラベラーズチェック　　支払う

□ カードで払いたいのですが。

イヒ　メヒテ　　　　ミット　クレディートカルテ　　ベツァーレン
**Ich möchte mit Kreditkarte bezahlen.**
〜したいのですが　〜で　クレジットカード　　支払う

□ 領収書をお願いします。

アイネ　　クヴィットゥング　ビッテ
**Eine Quittung, bitte.**
　　　　領収書　　　　　　お願いします

□ おつりが違っています。

ダス　　ヴェクセルゲルト　　　　シュティムト　ニヒト
**Das Wechselgeld stimmt nicht.**
　　　おつり　　　　　　　　合っている　　〜ない

□ 贈り物用として包装していただけますか？

ケネン　　　ズィー　ダス　ビッテ　アルス　ゲシェンク
**Können Sie das bitte als Geschenk**
〜していただけますか　　　　お願いします　〜として　贈り物

フェアパッケン
**verpacken?**
包装する

⇒ドイツは簡易包装が基本の国。プレゼント用として包装してほしいときには，このように伝えましょう。

154

□ 別々に包んでくれますか？

ケネン　　　　ズィー エス　アインツェルン　フェアパッケン
**Können Sie es einzeln verpacken?**
〜していただけますか　　　　　個別に　　　包装する

□ 包まなくて結構です。

アインヴィッケルン　　ブラオヘン　　　　ズィー エス　ニヒト
**Einwickeln brauchen Sie es nicht.**
包む　　　　　　　必要とする　　　　　　　　　　ない

□ 袋をいただけますか？

カン　　イヒ　　アイネ　テューテ　ハーベン
**Kann ich eine Tüte haben?**
〜できますか　　　　　袋　　　持つ

□ 日本に送っていただけますか？

ケネン　　　　ズィー　ダス　　ビッテ　　　ナーハ　　ヤーパン
**Können Sie das bitte nach Japan**
〜していただけますか　　　　お願いします　〜へ　　日本

シッケン
**schicken?**
送る

□ 送料はいくらですか？

ヴァス　　コステット　　デア　　　フェアザント
**Was kostet der Versand?**
何を　　値段が〜する　　　　　　送付

PART 4

すぐに話せる！ドイツ旅行重要フレーズ

155

# ■ショッピング

|  |  |
|---|---|
| 店 | **Geschäft** (n) ゲシェフト |
| デパート | **Kaufhaus** (n) カオフハオス |
| スーパー | **Supermarkt** (m) ズーパーマークト |
| 〜店 | **~geschäft** (n) ゲシェフト |
| 〜売り場 | **~abteilung** (f) アプタイルング |
| 文具店［売り場］ | **Schreibwaren~** シュライプヴァーレン |
| おもちゃ屋［売り場］ | **Spielzeug~** シュピールツォイク |
| 陶磁器店［売り場］ | **Porzellan~** ポーツェラーン |
| 革製品の店［売り場］ | **Lederwaren~** レーダーヴァーレン |
| 靴屋［売り場］ | **Schuh~** シュー |
| 本屋 | **Buchhandlung** (f) ブーフハンドルング |
| みやげ屋 | **Souvenirladen** (m) ズヴェニーアラーデン |
| 服 | **Kleidung** (f) クライドゥング |
| スカート | **Rock** (m) ロック |
| ズボン | **Hose** (f) ホーゼ |
| ブラウス | **Bluse** (f) ブルーゼ |
| ワンピース | **Kleid** (n) クライト |
| ツーピース | **Kostüm** (n) コステューム |
| セーター | **Pullover** (m) プルオーヴァー |

|  |  | |  |  |
|---|---|---|---|---|
| ジャケット | **Jacke** *(f)* ヤッケ | | 陶器 | **Porzellan** *(n)* ポーツェラーン |
| スーツ | **Anzug** *(m)* アンツーク | | 食器 | **Geschirr** *(n)* ゲシル |
| シャツ | **Hemd** *(n)* ヘムト | | コーヒーセット | **Kaffeeservice** *(n)* カフェゼァヴィース |
| ネクタイ | **Krawatte** *(f)* クラヴァッテ | | 万年筆 | **Füller** *(m)* フュラー |
| コート | **Mantel** *(m)* マンテル | | | |
| アクセサリー | **Schmuck** *(m)* シュムック | | | |
| イヤリング | **Ohrringe** *(pl)* オーアリンゲ | | | |
| 指輪 | **Ring** *(m)* リング | | | |
| ネックレス | **Halskette** *(f)* ハルスケッテ | | | |
| ブローチ | **Brosche** *(f)* ブロシェ | | | |

PART 4　すぐに話せる！ドイツ旅行重要フレーズ

# 23 Lektion 道をたずねる

## ショート対話

□ A:〈地図で〉ホテルはどこか示してください。

ビッテ　ツァイゲン　ズィー　ミーア　ヴォー　ダス　ホテル　イスト
**Bitte zeigen Sie mir, wo das Hotel ist.**
　　　　示す　　　　　　　　　　どこ　　　ホテル　ある

□ B: ここです。

ヒーア
**Hier.**

□ A: どのくらい時間がかかりますか？

ヴィー　ランゲ　ダオアート　ダス
**Wie lange dauert das?**
どのくらいの時間　かかる　それは

□ B: 30分です。

ドライスィヒ　ミヌーテン
**Dreißig Minuten.**　　　( 10分　Zehn Minuten
　30　　　　　分　　　　　　20分　Zwanzig Minuten

---

### 関連表現・事項

■「行く」の使い分けに注意

◇ **fahren**　　車，列車などを利用して「行く」
　ファーレン
◇ **gehen**　　歩いて「行く」
　ゲーエン
◇ **fliegen**　　飛行機で飛んで「行く」
　フリーゲン
◇ **schwimmen**　泳いで「行く」
　シュヴィメン

## すぐに使えるフレーズ

□ 劇場へはどうやって行くのですか？

ヴィー　コメ　　　イヒ　ツム　　テアーター
**Wie** komme ich zum Theater?
どのように　来る　　　　　～へ　　劇場

□ ここからどのくらい距離がありますか？

ヴィー　ヴァイト イスト エス フォン　ヒーア
**Wie** weit ist es von hier?
どのくらい　遠い　　それは　～から　ここ

□ そこまで私は歩いて行けますか？

カン　　　イヒ　ドルトヒン　　ツー　フース　ゲーエン
**Kann ich** dorthin zu Fuß gehen?
～できますか　そこへ　　　　　　歩いて　行く

□ そこまで歩いて行けますか？（一般的に）

カン　　　マン　　ドルトヒン　　ツー　フース　ゲーエン
**Kann man** dorthin zu Fuß gehen?
～できる　　　そこまで　　　　歩いて　行く

不特定の人を表すmanを主語にすると、一般的にそれが可能かどうか言い表すことができます。

□ 何か目印はありますか？

ギープト　エス　アイネン　オリエンティールングス プンクト
**Gibt es einen Orientierungspunkt?**
～はありますか　　　　　目印

□〈地図を見せて〉現在位置を教えてください。

ビッテ　　ツァイゲン　　ズィー　ミア　　ヴォー ヴィーア ズィント
**Bitte zeigen Sie mir, wo wir sind.**
お願いします　示す　　　　　　　私に　　どこ

□ここはどこですか？

ヴォー　　ビン　　イヒ　　イェッツト
**Wo bin ich jetzt?**
どこ　　　いる　　私は　　今

□この通りの名前は何ですか？

ヴィー　　ハイスト　　ディーゼ　　シュトラーセ
**Wie heißt diese Straße?**
どのような　〜という名称である　この　　通り

□地図に印を付けていただけますか？

ケネン　　　　　ズィー　エス　ビッテ　　アオフ ディーゼム　　プラーン
**Könnten Sie es bitte auf diesen Plan**
　　　〜していただけますか　　　　　〜の上　この　　　　地図

マルキーレン
**markieren?**
印をつける

□道に迷ってしまいました。

イヒ　　ハーベ　　ミヒ　　　フェアラオフェン
**Ich habe mich verlaufen.**
私は〜した　　　　　　迷う

160

☐ 道をたずねたいのですが。

イヒ　メヒテ　　　　ナーハ　　デム　　ヴェーク　フラーゲン
**Ich möchte nach dem Weg fragen.**
　〜したいのですが　　　　　　　　　　道　　　たずねる

⇒ **nach~ fragen** は「〜のことをたずねる」という意味です。

*駅…Bahnhof バーンホーフ*

☐ このあたりに市場はありますか？

ギープト　エス　ヒーア　イン　デア　ネーエ　　アイネン　マルクト
**Gibt es hier in der Nähe einen Markt?**
　〜はありますか　ここに　　　　　　　近く　　　　　　　市場

☐ A: たばこを吸ってもいいですか？

ダルフ　イヒ　ラオヘン
**Darf ich rauchen?**
〜してもいいですか たばこを吸う

*es gibt + 4格*

☐ B: いいえ，ここは禁煙です。

ナイン　　　ヒーア　イスト ラオヘン　　　フェアボーテン
**Nein, hier ist Rauchen verboten.**
いいえ　　　ここ　　　　喫煙　　　　　　禁止されている

◆「〜はどこですか？」に対する答え方

　　**Da.** ［ダー］「そこです」

　　**Dort.** ［ドルト］「あそこです」

　　**Da rechts.** ［ダー レヒツ］「そこを右です」

　　**Da links.** ［ダー リンクス］「そこを左です」

　　**Gleich da vorne.** ［グライヒ ダー フォルネ］「すぐその前です」

PART 4

すぐに話せる！ドイツ旅行重要フレーズ

161

# 24 Lektion 観光する

## ショート対話

□ B: こんにちは。
ハロー　　　グーテン　ターク
**Hallo! / Guten Tag.**

□ A: チケットを1枚ください。
イヒ　メヒテ　　　アイン　ティケット　　ビッテ
**Ich möchte ein Ticket, bitte.**

□ B: 5ユーロです。
フュンフ　オイロ
**Fünf Euro.**

□ B: ありがとう。
ダンケ
**Danke.**

### 関連表現・事項

■ドイツでは喫煙マナーは厳格

看板などでは **Rauchen verboten**（禁煙）のように使われます。

□ たばこを吸ってもいいですか？
ダルフ　イヒ　ラオヘン
**Darf ich rauchen?**
〜してもいいですか　たばこを吸う

## すぐに使えるフレーズ

☐ 観光案内所はどこですか？

ヴォー　イスト ヒーア　ディー　トゥーリステン インフォルマツィオーン
**Wo ist hier die Touristeninformation?**
どこ　ですか ここ　　　　　　観光案内所

☐ 市内の地図はありますか？

ハーベン　　　ズィー　アイネン　　シュタットプラーン
**Haben Sie einen Stadtplan?**
～はありますか　　　　　　市内地図

(比較的狭い地域の)地図

☐ 市内観光をしたいのですが。

イヒ　メヒテ　　　アイネ　　シュタット ルントファールト　マッヘン
**Ich möchte eine Stadtrundfahrt machen.**
～したいのですが　　　　　市内観光　　　　　　　　する

☐ 市内観光バスはありますか？

ギープト　エス　シュタット ルントファールトブッセ
**Gibt es Stadtrundfahrtbusse?**
～はありますか　　　市内観光バス

☐ いちばん人気のあるツアーはどれですか？

ヴェルヒェ　　トゥーア　イスト アム　　ベリープテステン
**Welche Tour ist am beliebtesten?**
どのような　　ツアー　　　　　　いちばん人気のある

□ 日本語のガイドさんはついていますか？

ハーベン　　ヴィーア アイネ　ヤパーニッシェ　　　フュールング
## Haben wir eine japanische Führung?
～はありますか　　　　　　日本語の　　　　　　ガイド

□ 集合場所はどこですか？

ヴォー イスト デア　　トレフプンクト
## Wo ist der Treffpunkt?
どこ　　　　　　　　集合場所

□ 出発は何時ですか？

ヴァン　　　　ファーレン　　ズィー　アプ
## Wann fahren Sie ab?
いつ　　　　出発する　　　あなたは

□ どこから出発しますか？

フォン　ヴォー　　ファーレン　　ヴィーア アプ
## Von wo fahren wir ab?
～から　どこ　　出発する

□ 食事は付いていますか？

イスト　ダス　エッセン　　　インベグリッフェン
## Ist das Essen inbegriffen?
　　　　　　食事　　　　含まれている

☐ このツアーはどのくらい時間がかかりますか？

ヴィー　ランゲ　　ダオエアト　ディー トゥーア
**Wie lange dauert die Tour?**
　どのくらいの時間　かかる　　　　　ツアー

☐ 何時に戻りますか？

ヴァン　　ヴェーアデン　ヴィーア ツリュック　ザイン
**Wann werden wir zurück sein?**
　いつ　　　　　　　　　戻っている

## 【博物館・美術館】

☐ 私はもうその博物館を訪れたことがあります。

イヒ　ハーベ　　ショーン　　ダス　　ムゼーウム　　　ベズーフト
**Ich habe schon das Museum besucht.**
　〜しました　すでに　　　　博物館　　　　　訪れる

過去分詞

☐ 宮殿へはどうやって行けばいいですか？

ヴィー　コメ　　イヒ　ツム　　パラスト
**Wie komme ich zum Palast?**
　どのように　来る　　　〜へ　　宮殿

zuは男性名詞、中性名詞の前ではzum、女性名詞の前ではzurとなります。

☐ ここに博物館がありますか？

ギープト　エス　ヒーア　　アイン　　ムゼーウム
**Gibt es hier ein Museum?**
　〜はありますか　ここ　　　　　博物館

PART 4
すぐに話せる！ドイツ旅行重要フレーズ

165

☐ 博物館へ行くにはこの道でいいですか？

イスト ダス ディー シュトラーセ ツム ムゼーウム
**Ist das die Straße zum Museum?**
　　　　　　　道　　　　　～へ　博物館

☐ 博物館は今日は開いていますか？

イスト ダス ムゼーウム ホイテ ゲエフネット
**Ist das Museum heute geöffnet?**
　　　　　博物館　　　　今日　　開いている

☐ 博物館は何時までですか？

ビス ヴィー フィール ウーア イスト ダス ムゼーウム
**Bis wie viel Uhr ist das Museum**
～まで　　何時　　　　　　　　　博物館

ゲエフネット
**geöffnet?**
開いている

☐ 閉館は何時ですか？

ヴァン シュリーセン ズィー
**Wann schließen Sie?**
いつ　　閉まる

☐ 入場料はいくらですか？

ヴァス コステット デア アイントリット
**Was kostet der Eintritt?**
何　　値段が～である　　入場

□ 入ってもいいですか？

カン　　　イヒ　　ヒナインゲーエン
**Kann ich hineingehen?**
〜できますか　　　入る

□ 博物館の入口はどこですか？

ヴォー イスト デア　アインガング　　　ツム　　　　ムゼーウム
**Wo ist der Eingang zum Museum?**
どこ　　　　　　　　入口　　　　　〜への　　博物館

□ 出口はどこですか？

ヴォー　イスト　デア　アオスガング
**Wo ist der Ausgang?**
どこ　　　　　　　　　出口

□ 日本語のパンフレットはありますか？

ハーベン　　　ズィー アイネ　ヤパーニッシェ　　　　ブロシューレ
**Haben Sie eine japanische Broschüre?**
〜はありますか　　　　　　　　日本語の　　　　　　　　パンフレット

□ パンフレットを一部ください。

イヒ　メヒテ　　　アイネ　　ブロシューレ　　　　ビッテ
**Ich möchte eine Broschüre, bitte.**
〜がほしい　　　　　　　パンフレット

□ 荷物を預かってください。

イヒ　メヒテ　　　ダス　　ゲペック　　アブゲーベン
**Ich möchte das Gepäck abgeben.**
〜がほしい　　　　　　　荷物　　　　預かる

PART 4

すぐに話せる！ドイツ旅行重要フレーズ

167

# Lektion 25 写真を撮る

## ショート対話

□ A: 写真を撮ってもいいですか？

<ruby>Kann<rt>カン</rt></ruby> <ruby>ich<rt>イヒ</rt></ruby> <ruby>sie<rt>ズィー</rt></ruby> <ruby>fotografieren<rt>フォトグラフィーレン</rt></ruby>?

**Kann ich sie fotografieren?**
〜できますか　　　　　写真を撮る

□ B: はい，どうぞ。

ヤー　ビッテ
**Ja, bitte.**

□ B: いいえ，写真を撮ってはいけません。

ナイン　ズィー　デュァフェン　ニヒト　フォトグラフィーレン
**Nein, Sie dürfen nicht fotografieren.**
　　　　　　　　　　　　　　動詞の直前に置きます。

⇒ **dürfen**［デュァフェン］（〜してもよい）は否定語と共に使うと，「〜してはならない」という禁止の意味になります。

## 関連表現・事項

□ 住所をここに書いていただけますか？

ケネン　ズィー　ビッテ　ヒーア　イーレ　アドレッセ
**Können Sie bitte hier Ihre Adresse**
〜していただけますか　　　　　　　住所

シュライベン
**schreiben?**
書く

## すぐに使えるフレーズ

□ ここで写真を撮ってもいいですか？

ダルフ　イヒ　ヒーア　フォトグラフィーレン
**Darf ich hier fotografieren?**
〜してもいいですか　ここ　写真を撮る

―ierenで終る動詞はieの部分にアクセントがあります。

□ フラッシュを使ってもいいですか？

カン　　イヒ　デン　　ブリッツ　ベヌッツェン
**Kann ich den Blitz benutzen?**
〜できますか　　　　　フラッシュ　使う

□ すみません，写真を撮っていただけますか？

エントシュルディグング　　　　ケネン　　ズィー　ミヒ
**Entschuldigung, können Sie mich**
すみません　　　　　　〜していただけますか　私を

フォトグラフィーレン
**fotografieren?**
写真を撮る

□ シャッターを押すだけです。

ズィー　ブラオヘン　ヌア　アオフ　デン　アオスレーザー　ツー
**Sie brauchen nur auf den Auslöser zu**
　　　必要とする　〜だけ　〜の上　　シャッター

ドゥリュッケン
**drücken.**
押す

□ 写真を送ります。

イヒ　シッケ　　イーネン　ディー　フォトース
**Ich schicke Ihnen die Photos.**
私は　送る　　あなたに　　　写真

169

# 26 Lektion 観劇・観戦

## ショート対話

□ A: コンサートはいつ始まりますか？

ヴァン　　ベギント　　ダス　　コンツェルト
**Wann beginnt das Konzert?**
いつ　　　始まる　　　　　　コンサート

□ B: 7時に始まります。

エス　ベギント　　ウム　ズィーベン　ウーア
**Es beginnt um 7 Uhr.**
それは　始まる　　〜に　　　　　　時

「〜は気に入りましたか」のパターン

□ A: 映画はどうでしたか？

ヴィー　ゲフェルト　イーネン　デア　フィルム
**Wie gefällt Ihnen der Film?**
どのように　気に入る　あなたに　　　映画

□ B: 映画はとても気に入りました。

デア　　フィルム　ゲフェルト　ミーア　ゼーア　グート
**Der Film gefällt mir sehr gut.**
　　映画　　　気に入る　　私に　とても　良く

## 関連表現・事項

□ コンサートに行きたいのですが。

イヒ　メヒテ　　　インス　コンツェルト　ゲーエン
**Ich möchte ins Konzert gehen.**
〜したいのですが　　コンサートへ　　　行く

⇒「コンサートに行く」という文脈で用いられる前置詞 **in** は、定冠詞 **das** と結びつくと、**ins** になります。**in + das = ins**

### すぐに使えるフレーズ

☐ オペラを見に行きたいのですが。

<u>イヒ</u> <u>メヒテ</u>　<u>イン</u> <u>ディー</u> <u>オーパー</u> <u>ゲーエン</u>
**Ich möchte in die Oper gehen.**
　～したいのですが　　　オペラへ　　　行く

⇒ 前置詞 **in** は３格と結びつくと「場所」を，４格と結びつくと「動作の方向」を表します。例文は「オペラへ…」と場所の移動を示しているので **in** ＋ ４格となります。

☐ 当日券はありますか？

<u>ハーベン</u>　<u>ズィー</u>　<u>ノホ</u>　<u>カルテン</u>　　<u>フューア</u> <u>ホイテ</u>
**Haben Sie noch Karten für heute?**
～ありますか　　　　まだ　　券　　　　～のため　今日

☐ ショーはどのくらい時間がかかりますか？

<u>ヴィー</u>　<u>ランゲ</u>　<u>ダオエアト</u>　<u>ディー</u> <u>ショー</u>
**Wie lange dauert die Show?**
どのくらい　　　　かかる　　　　ショー

※英語からの外来語なので、発音は「ショー」なのです。

⇒ **wie lange** が時間の長さをたずねるのに対し，**wann** は「いつ」という時間そのものをたずねます。

　そのため，**wie lange?** には「～時間（分）」や「～まで」，**wann** には「～時に」が答えになります。

☐ ここでチケットは買えますか？

<u>カン</u>　　<u>イヒ</u>　<u>ヒーア</u> <u>ディー</u> <u>アイントリッツ</u> <u>カルテ</u>
**Kann ich hier die Eintrittskarte**
～できますか　　ここで　　　　入場券

<u>ベコメン</u>
**bekommen?**
手に入れる

□ まだチケットは手に入れられますか？

カン　マン　ノホ　カルテン　ベコメン
**Kann man noch Karten bekommen?**
〜できますか　　まだ　　チケット　　手に入れる

一般的にそれが可能かどうか言い表すことができる。

□ まだ席はありますか？

ハーベン　ズィー　ノホ　アイネン　プラッツ
**Haben Sie noch einen Platz?**
〜はありますか　　まだ　　　　席

⇒劇場などでチケットを買うときに使います。
「2枚」なら **zwei Plätze**［ツヴァイ　プレッツェ］。

□ どんな席ならまだありますか？

ヴァス　フューア　プレッツェ　ハーベン　ズィー　ノホ
**Was für Plätze haben Sie noch?**
どんな　　　席　　　ありますか　　　まだ

□ いくらから入場券はありますか？

ヴァス　コステット　ディー　ビリヒステ　アイントリッツ　カルテ
**Was kostet die billigste Eintrittskarte?**
何　　値段が〜である　　いちばん安い　　　入場券

□ もっと安い［高い］チケットはありますか？

ハーベン　ズィー　ノッホ　ビリゲレ　トイレレ
**Haben Sie noch billigere [teurere]**
〜はありますか　まだ　　もっと安い　　もっと高い

カルテン
**Karten?**
チケット

□ いちばん安い席はいくらですか？

ヴィー　フィール コステット　デア　ビリヒステ　プラッツ
**Wie viel kostet der billigste Platz?**
いくらですか　値段が〜である　　　　いちばん安い　席

*形容詞の語尾 e*
*女性 1 格です。*

□ プログラムがほしいのですが。

イヒ　メヒテ　　　アイン プログラム
**Ich möchte ein Programm.**
〜がほしいのですが　　　プログラム

*アクセントは a にあります。*
*英語とちがうので注意！*

⇒ パンフレットは **Prospekt**［プロスペクト］*(m)* と言います。

□〈チケットを見せて〉この席はどこでしょうか？

ヴォー イスト ディーザー　プラッツ
**Wo ist dieser Platz?**
どこ　　　この　　　席

□ 開演［終演］は何時ですか？

ウム　ヴィー　フィール ウーア　ベギント　　　エンデット　ディー
**Um wie viel Uhr beginnt [endet] die**
　　　　何時に　　　　　始まる　　　終わる

フォアシュテルング
**Vorstellung?**
演目，出し物

PART 4

すぐに話せる！ドイツ旅行重要フレーズ

173

## ■観光

|  |  |
|---|---|
| 観光案内所 | **Fremdenverkehrsbüro** (n)<br>フレムデン フェアケーアス ビューロー |
| | **Touristeninformation** (f)<br>トゥリステン インフォルマツィオーン |
| ツアー | **Tour** (f)<br>トゥアー |
| 半日ツアー | **halbtägige Tour** (f)<br>ハルプテーギゲ トゥアー |
| 1日ツアー | **ganztägige Tour** (f)<br>ガンツテーギゲ トゥアー |
| 市内観光 | **Stadtrundfahrt** (f)<br>シュタット ルントファールト |
| 案内 | **Führung** (f)<br>フュールング |
| ツアーガイド | **Tourleiter** (m)<br>トゥアーライター |
| | **Tourleiterin** (f)<br>トゥアーライテリン |
| パンフレット | **Prospekt** (m)<br>プロスペクト |
| 劇場 | **Theater** (n)<br>テアーター |
| オペラ | **Oper** (f)<br>オーパー |
| 映画館 | **Kino** (n)<br>キーノ |
| 入口 | **Eingang** (m)<br>アインガング |
| 出口 | **Ausgang** (m)<br>アオスガング |
| チケット売り場 | **Kasse** (f)<br>カッセ |
| チケット | **Karte** (f)<br>カルテ |
| クローク | **Garderobe** (f)<br>ガーデローベ |
| 町 | **Stadt** (f)<br>シュタット |
| 旧市街 | **Altstadt** (f)<br>アルトシュタット |
| 広場 | **Platz** (m)<br>プラッツ |
| 通り | **Straße** (f)<br>シュトラーセ |
| 市庁舎 | **Rathaus** (n)<br>ラートハオス |
| 教会 | **Kirche** (f)<br>キァヒェ |
| 大聖堂 | **Dom** (m)<br>ドーム |
| 城 | **Schloss** (n)<br>シュロス |
| 博物館 | **Museum** (n)<br>ムゼーウム |
| 蚤の市 | **Flohmarkt** (m)<br>フローマークト |

# ■郵便 / 電話

## ◆郵便

| 郵便局 | **Post** (f) ポスト |
| 手紙 | **Brief** (m) ブリーフ |
| はがき | **Postkarte** (f) ポスト カルテ |
| 絵はがき | **Ansichtskarte** (f) アンズィヒツ カルテ |
| 小包 | **Paket** (m) パケート |
| 小型小包 | **Päckchen** (n) ペックヒェン |
| 切手 | **Briefmarke** (f) ブリーフマーケ |
| 記念切手 | **Sonderbriefmarke** (f) ゾンダー ブリーフマーケ |
| 郵便番号 | **Postleitzahl** (f) ポストライトツァール |
| 住所 | **Adresse** (f) アドレッセ |
| （手紙などを）送る | **schicken** シッケン |
| 受取人 | **Empfänger** (m) エンプフェンガー |
| 差出人 | **Absender** (m) アプゼンダー |

| 航空便で | **mit Luftpost** ミット ルフトポスト |
| 船便で | **mit dem Schiff** ミット デム シフ |

## ◆電話

| 電話 | **Telefon** (n) テレフォーン |
| 電話で | **telefonisch** テレフォーニッシュ |
| 電話ボックス | **Telefonzelle** (f) テレフォーンツェレ |
| 電話番号 | **Telefonnummer** (f) テレフォーンヌ マー |
| テレフォンカード | **Telefonkarte** (f) テレフォーン カルテ |
| 携帯電話 | **Handy** (n) ヘンディ |
| 日本に電話をかける | **nach Japan telefonieren** ナーハ ヤーパン テレフォニーレン |

PART 4
すぐに話せる！ドイツ旅行重要フレーズ

## 27 Lektion 両替する

### よく使う表現

□ 日本円をユーロに両替したいのですが。

イヒ　メヒテ　　ヤパーニッシェ　　イェン　イン　オイロ
**Ich möchte japanische Yen in Euro**
〜したいのですが　日本の　　　　　　　　　　ユーロ

ヴェクセルン
**wechseln.**

tauschen という語を用いることも
タオシェン　　　　　　　あります。

□ 3万円をユーロに両替したいのですが。

イヒ　メヒテ　　ドライスィヒ タオゼント　　イェン　イン　オイロ
**Ich möchte dreißigtausend Yen in Euro**
　　　　　　　　30,000

ヴェクセルン
**wechseln.**
両替する

□ これを両替してください。

ヴェクセルン　　ズィー　ダス　　ビッテ
**Wechseln Sie das, bitte.**

---

**関連表現・事項**

◆「A を B に両替する」というとき，A in B wechseln といいます。A という通貨から B という通貨に変わるので，in の後ろは4格となります。

□ 小銭も少し混ぜてください。

ゲーベン　　ズィー　ミア　ビッテ　アオホ　エトヴァス　クライン ゲルト
**Geben Sie mir bitte auch etwas Kleingeld.**
与える　　　　　　　　　　　〜も　　少し　　　小銭

## すぐに使えるフレーズ

☐ 両替所はどこですか？

ヴォー イスト アイネ ヴェクセル シュトゥーベ
**Wo ist eine Wechselstube?**
どこ 　　　　　　両替所

☐ 今日の為替レートは？

ヴィー シュテート デア クルス ホイテ
**Wie steht der Kurs heute?**
どのように ～である 　相場　 今日

☐ これをユーロにしてください。

ケネン ズィー ディース イン オイロ ヴェクセルン
**Können Sie dies in Euro wechseln?**
～していただけますか 　　　　ユーロ 両替する

☐ トラベラーズチェックを両替したいのですが。

イヒ メヒテ ライゼ シェックス アインレーゼン
**Ich möchte Reiseschecks einlösen.**
～したいのですが トラベラーズチェック 現金にする

（ドイツではトラベラーズチェックでそのまま買い物できる店はほとんどありません。「現金に換えてください」Bargeld, bitte.
バーゲルト ビッテ

☐ 現金自動預払機はどこにありますか？

ヴォー イスト デア ゲルト アオトマート
**Wo ist der Geldautomat?**
どこ 　　　　現金自動預払機

☐ 両替計算書をください。

アイネン ベレーク ビッテ
**Einen Beleg, bitte.**
　　　　計算書

PART 4

すぐに話せる！ドイツ旅行重要フレーズ

# 28 Lektion 郵便局で

## ショート対話

□ 切手をいただけますか？

カン　イヒ　バイ　イーネン　ブリーフマルケン
**Kann ich bei Ihnen Briefmarken**

ベコンメン
**bekommen?**
手に入れる

切手
「Brief (m) 手紙 + Marke (f) 券」で切手です。
ここでは複数形にして使います。

□ 記念切手はありますか？

ハーベン　ズィー　ゾンダー　マルケン
**Haben Sie Sondermarken?**
〜がほしいのですが　記念切手

□ この郵便料金はいくらですか？

ヴァス　コステット　ディーゼ　ゼンドゥング
**Was kostet diese Sendung?**
何　値段が〜である　この　送付

---

**関連表現・事項**

□ この荷物を日本へ送りたいのですが。

イヒ　メヒテ　ディーゼス　ゲペック　ナーハ　ヤーパン
**Ich möchte dieses Gepäck nach Japan**
〜したいのですが　　　　荷物　　〜へ　日本

シッケン
**schicken.**
送る

## すぐに使えるフレーズ

☐ 郵便局はどこですか？

ヴォー イスト ディー ポスト
**Wo ist die Post?**
どこ　　　　　　　郵便局

☐ 日本への手紙の郵便料金はいくらですか？

ヴィー フィール コステット アイン ブリーフ ナーハ ヤーパン
**Wie viel kostet ein Brief nach Japan?**
　いくらですか　　　　　　　手紙　　～への　日本

☐ 1ユーロの切手を1枚ください。

イヒ メヒテ　　　　アイネ　ブリーフマルケ　ツー アイネム オイロ
**Ich möchte eine Briefmarke zu einem Euro.**
～がほしいのですが　　　　切手　　　　～の　　1　　ユーロ

☐ 航空便［船便］でお願いします。

ミット ルフトポスト　　パー　シフ　　　ビッテ
**Mit Luftpost [Per Schiff], bitte.**
～で　航空便　　　～で　船

「～とともに」

☐ 小包に保険をかけたいのですが。

イヒ メヒテ　　ディーゼス　ペックヒェン　フェアズィッヒャーン
**Ich möchte dieses Päckchen versichern.**
～したいのですが　この　　小包　　　　保険をかける

☐ 壊れやすいです。

エス イスト ツェアブレヒリヒ
**Es ist zerbrechlich.**
それは　　　壊れやすい

PART 4

すぐに話せる！ドイツ旅行重要フレーズ

179

## 29 Lektion 電話で

### ショート対話

□ A: もしもし。

ハロー
**Hallo!**

□ B: ミュラーさんのお宅ですか？

イスト ダー ヘア　　ミュラー
**Ist da Herr Müller?**
〜ですか　そちらは　ミュラーさん（男性）

□ A: こちらはスズキです。

ヒーア　シュプリヒト　スズキ
**Hier spricht Suzuki.**
こちらは　話す

□ B: すみません，間違えました。

フェアツァイウング　　イヒ　ハーベ　　ミヒ　　　フェアヴェールト
**Verzeihung, ich habe mich verwählt.**
すみません　　　　　　私は〜した　　　　番号を間違える

### 関連表現・事項

□ テレフォンカード1枚ください。

イヒ　メヒテ　　　アイネ　テレフォーン カルテ
**Ich möchte eine Telefonkarte.**
〜がほしいのですが　　　テレフォンカード

⇒日本のように磁気面を下にするとかけられないので注意！
　ドイツのテレフォンカードは磁気面を上，イラスト面を下にして電話に挿入します。

## すぐに使えるフレーズ

□ テレフォンカードはどこで買えますか？

ヴォー　ベコメ　　　　イヒ　アイネ　テレフォーン カルテ
**Wo bekomme ich eine Telefonkarte?**
　どこ　手に入れる　　　私は　　　　　テレフォンカード

□ テレフォンカードはありますか？

ハーベン　　ズィー テレフォーン カルテン
**Haben Sie Telefonkarten?**
〜はありますか

□ 公衆電話はどこですか？

ヴォー　ギープト　エス　アイネ　テレフォーン ツェレ
**Wo gibt es eine Telefonzelle?**
どこ　　〜はありますか　　　公衆電話

□ 電話をお借りしてもいいですか？

ダルフ　イヒ　イーア テレフォーン　ベヌッツェン
**Darf ich Ihr Telefon benutzen?**
〜してもいいですか　あなたの　電話　　　使う

日本語では「借りる」ですが、ドイツ語では「使う」となります。

□ バッハさんの電話番号を教えてください。

ゲーベン　　ズィー ミーア ビッテ　ディー ヌマー　　　　フォン フラオ
**Geben Sie mir bitte die Nummer von Frau**
　与える　　　　　　　　お願いします　番号　　　　〜の

バッハ
**Bach.**
バッハさん（女性）

PART 4 すぐに話せる！ドイツ旅行重要フレーズ

□ もしもし，そちらはヒルトンホテルですか？

ハロー　シュプレヒェ　イヒ　ミット　デム　ホテル　ヒルトン
**Hallo, spreche ich mit dem Hotel Hilton?**
　　　　話す　　　　　　　　～と　　　　ホテル

□ 501号室のオガワさんをお願いします。

イヒ　メヒテ　　　ミット　ヘルン　　フラウ　オガワ　　イン
**Ich möchte mit Herrn (Frau) Ogawa in**
　～したい　　　　　　　　　（女性）

ツィマー　　　フュンフ フンダート アインス　シュプレッヒェン
**Zimmer 501　　　　　　　　　　sprechen.**
部屋　　　　　　　　　　　　　　　　　　　　話す

□ A:マイヤーさんをお願いできますか？

カン　イヒ　ビッテ　ヘルン　マイアー　シュプレッヒェン
**Kann ich bitte Herrn Meier sprechen?**
～できますか　　　　　マイアーさん（男性）　話す

□ B:そのままでお待ちください。

ブライベン　ズィー　ビッテ　アム　アパラート
**Bleiben Sie bitte am Apparat.**
とどまる　　　　　　　　　～に　　機器

□ また，電話します。

イヒ　ヴェーアデ　シュペーター　ノホ　アインマール　アンルーフェン
**Ich werde später noch einmal anrufen.**
私は　～つもりです　あとで　　もう　　一度　　　　電話をする

□ さようなら。（電話での表現）
アオフ　ヴィーダーヘーレン
**Auf Wiederhören.**

## 【日本へ電話する】

□ 日本へ電話したいのですが。
イヒ　メヒテ　　ナーハ　ヤーパン　テレフォニーレン
**Ich möchte nach Japan telefonieren.**
　〜したいのですが　〜へ　　日本　　電話する

□ コレクトコールでお願いします。
イヒ　メヒテ　　アイン　エア　ゲシュプレッヒ　フューレン
**Ich möchte ein R-Gespräch führen.**
　〜したいのですが　　　　コレクトコール　　　　　する

□ 指名通話でお願いします。
イヒ　メヒテ　　アイン　ゲシュプレーヒ　ミット　フォア　アンメルドゥング
**Ich möchte ein Gespräch mit Voranmeldung.**
　　　　　　　　　　　　　　　　　　　　　指名通話

□ クレジットカードコールでお願いします。
イヒ　メヒテ　　アイン　ゲシュプレーヒ　ミット　クレディート　カルテ
**Ich möchte ein Gespräch mit Kreditkarte.**
　　　　　　　　　　　　　　　　　　　クレジットカード

PART 4　すぐに話せる！ドイツ旅行重要フレーズ

# 30 Lektion 盗難・紛失

## よく使う表現

□ 助けてください。

ビッテ　ヘルフェン　ズィー　ミーア
**Bitte** helfen Sie mir.
　　　　助ける

□ 助けて！

ヒルフェ
**Hilfe!**

□ 泥棒！

アイン　ディープ
**Ein Dieb!**
　　　　泥棒

□ 捕まえて！

ハルテン　ズィー　デン　マン　　　フェスト
**Halten Sie den Mann fest!**
つかまえる　　　　　　　男

*単語を差しかえて言えるようにしておきましょう。*

### 関連表現・事項

◇「〜をなくしました」**Ich habe ~ verloren.**
　　　　　　　　　　　　イヒ　ハーベ　　フェアローレン

◇「〜を…に忘れました」**Ich habe ~ in ... liegen lassen.**
　　　　　　　　　　　　　イヒ　ハーベ　イン　　リーゲン　ラッセン

◇「〜を盗られました」**Mein(e) ~ wurde gestohlen.**
　　　　　　　　　　　マイン(ネ)　　ヴルデ　ゲシュトーレン

## すぐに使えるフレーズ

☐ 警察を呼んでください！

ビッテ　ディー ポリツァイ　ルーフェン
**Bitte die Polizei rufen!**
お願いします　警察　呼ぶ

☐ 救急車を呼んでください。

ビッテ　ルーフェン ズィー アイネン　クランケン ヴァーゲン
**Bitte rufen Sie einen Krankenwagen!**
　　　　呼ぶ　　　　　　　　　　救急車

☐ だれか日本語の話せる人はいませんか？

シュプリヒト　ヒーア　イエーマント　ヤパーニッシュ
**Spricht hier jemand Japanisch?**
話す　　　ここ　　誰か　　　日本語

☐ 荷物がない！

マイン　　ゲペック　　イスト　ヴェック
**Mein Gepäck ist weg!**
私の　　荷物　　　　　なくなっている

☐ 困ったことがあるのですが。

イヒ　ハーベ　シュヴィーリッヒカイテン
**Ich habe Schwierigkeiten.**
私は　持つ　　問題

PART 4
すぐに話せる！ドイツ旅行重要フレーズ

185

□ パスポートをなくしました。

イヒ　ハーベ　マイネン　　　パス　　　フェアローレン
**Ich habe meinen Pass verloren.**
私は　～した　私の　　　パスポート　なくす

（男性名詞）

⇒ **Pass**［パス］は **Reisepass**［ライゼパス］ともいいます。

□ A: カバンを置き忘れました。

イヒ　ハーベ　マイネ　　タッシェ　　リーゲン　　ラッセン
**Ich habe meine Tasche liegen lassen.**
私は～した　　　　　カバン　　　置き忘れる

（ここでは過去分詞）

⇒ **meine** は「私の」という所有を表す所有冠詞。

□ B: どんなカバンですか？

ヴィー　ズィート　ディー　タッシェ　　アオス
**Wie sieht die Tasche aus?**
どのような　見える

□ 遺失物係はどこですか。

ヴォー　イスト　ダス　　フントビュロー
**Wo ist das Fundbüro?**
どこ　　　　　　　遺失物取扱所

□ A: 証明書を発行していただけますか？

ケネン　　　ズィー　ミーア　ビッテ　　アイネ　　ベシュテーティグング
**Können Sie mir bitte eine Bestätigung**
～していただけますか　　　　　　　　　　証明書

アオスシュテレン
**ausstellen?**
発行する

186

☐ B: この書類に記入してください。

フュレン　ズィー　ビッテ　ディーゼス　フォルムラール　アオス
**Füllen Sie bitte dieses Formular aus.**
記入する　　　　　　　　　　この　　　　　書類

☐ 日本大使館に連絡したいのですが。

イヒ　メヒテ　　　ミット　デア　ヤパーニッシェン
**Ich möchte mit der japanischen**
〜したいのですが　　　　　　日本の

ボートシャフト　　コンタクト　アオフネーメン
**Botschaft Kontakt aufnehmen.**
大使館　　　　　　　　　　　連絡する

● トラブルにあったら

パスポートの盗難にあった場合は警察に届け，盗難証明書 (Diebstahlbestätigung) を，パスポートを紛失した場合は遺失物保管所で紛失証明書 (Verlustbestätigung) を発行してもらいます。
　パスポートの再発行にはこれらの書類と，パスポートの発行年月日，番号などの情報，写真が必要です。念のためにパスポートのコピーを取っておきましょう。

## ■ 盗難

| 警察官 | **Polizist**(m)<br>ポリツィスト | パスポート | **Pass**(m)<br>パス |
| --- | --- | --- | --- |
| 盗難 | **Diebstahl**(m)<br>ディープシュタール | 遺失物保管所 | **Fundamt**(n)<br>フント アムト |
| 泥棒 | **Dieb**(m)<br>ディープ | 事故 | **Unfall**(m)<br>ウンファル |
| スリ | **Taschendieb**(m)<br>タッシェン ディープ | | |

PART 4　すぐに話せる！ドイツ旅行重要フレーズ

# 31 Lektion 病気・診察

## ショート対話

□ A: この近くに病院はありますか？

ギープト エス イン デア ネーエ　アイン クランケン ハオス
**Gibt es in der Nähe ein Krankenhaus?**
〜はありますか　　近くに　　　　病院　　　アクセント

□ B: そこを左［右］です。

ダー　リンクス　　レヒツ
**Da links [rechts].**
そこ　左に　　　右に

□ A: どうなさったのですか？

ヴァス　フェールト　イーネン
**Was fehlt Ihnen?**
何　　欠けている　あなたに

□ B: ここが痛いです。

ヒーア　トゥート エス ヴェー
**Hier tut es weh.**
ここ　　　　　　痛い

### 関連表現・事項

□ 私は病気です。

イヒ　ビン　　クランク
**Ich bin krank.**
私は〜です　病気の

⇒ 医学用語の「クランケ」（患者）は，ドイツ語の **krank**（病気の）という形容詞がもとになっています。
　ドイツ語の **Kranke**［クランケ］は「病人」という意味。

## すぐに使えるフレーズ

☐ 気分が悪いのですが。

イヒ　フューレ　ミヒ　ニヒト　ヴォール
**Ich fühle mich nicht wohl.**
私は　感じる　私を　〜ない　快適に

☐ お医者さんを呼んでいただけますか？

ケネン　ズィー ビッテ　アイネン　アールツト ルーフェン
**Können Sie bitte einen Arzt rufen?**
〜していただけますか　お願いします　医者　呼ぶ

☐ 日本語の話せるお医者さんはいますか？

ギープト エス　アイネン　アールツト デア　ヤパーニッシュ　シュプリヒト
**Gibt es einen Arzt, der Japanisch spricht?**
〜はありますか　医者　日本語　話す

☐ 薬をいただけますか？

カン　イヒ　メディカメンテ　ハーベン
**Kann ich Medikamente haben?**
〜できますか　薬　持つ

（アクセント）

☐ 旅行傷害保険に入っています。

イヒ　ハーベ　アイネ　ライゼ フェアズィッヒェルング
**Ich habe eine Reiseversicherung.**
私は　持つ　旅行傷害保険

☐ ここが少し痛いです。

ヒーア　トゥート エス エトヴァス　ヴェー
**Hier tut es etwas weh.**
ここ　少し　痛い

⇒「とても，激しく」は **heftig**［ヘフティヒ］

PART 4 すぐに話せる！ドイツ旅行重要フレーズ

189

□ 下痢しています。

イヒ　ハーベ　　ドゥルヒファル
**Ich habe Durchfall.**
私は　　　　　下痢

□ おなかが痛いのですが。

イヒ　ハーベ　　バオホ シュメルツェン
**Ich habe Bauchschmerzen.**
　　　　　　　腹痛

□ 歯が痛いのですが。

イヒ　ハーベ　　ツァーン シュメルツェン
**Ich habe Zahnschmerzen.**
　　　　　　　歯痛

□ 頭が痛いのですが。

イヒ　ハーベ　　コプフ シュメルツェン
**Ich habe Kopfschmerzen.**
　　　　　　　頭痛

□ 手をケガしました。

イヒ　ハーベ　ミーア　ディー　ハント　フェアレッツト
**Ich habe mir die Hand verletzt.**
　　　　　　私の　　　手　　ケガをする

□ 熱があります。

イヒ　ハーベ　フィーバー
**Ich habe Fieber.**
　　　　　　熱

## ■病院・診察

|  |  |  |  |
|---|---|---|---|
| 病院 | **Krankenhaus** (n)<br>クランケン ハオス | 下痢 | **Durchfall** (m)<br>ドゥルヒファル |
| 救急車 | **Rettungswagen** (m)<br>レットゥングス ヴァーゲン | 便秘 | **Verstopfung** (f)<br>フェアシュトプフング |
| 保険 | **Versicherung** (f)<br>フェアズィッヒェルング | ケガ | **Verletzung** (f)<br>フェアレッツング |
| 医者 | **Arzt** (m)<br>アールツト | 検査 | **Untersuchung** (f)<br>ウンターズーフング |
|  | **Ärztin** (m)<br>エルツィティン | 薬局 | **Apotheke** (f)<br>アポテーケ |
| 病気 | **Krankheit** (f)<br>クランクハイト | 処方箋 | **Rezept** (n)<br>レツェプト |
| かぜ | **Erkältung** (f)<br>エアケルトゥング | 薬 | **Medikament** (n)<br>メディカメント |
| インフルエンザ | **Grippe** (f)<br>グリッペ |  | **Arznei** (f)<br>アルツナイ |
| 痛み | **Schmerzen** (pl)<br>シュメルツェン | 錠剤 | **Tablette** (f)<br>タブレッテ |
| 〜痛 | **~schmerzen** (pl)<br>シュメルツェン |  |  |
| 頭痛 | **Kopfschmerzen**<br>コプフ シュメルツェン |  |  |
| 熱 | **Fieber** (m)<br>フィーバー |  |  |
| せき | **Husten** (m)<br>フーステン |  |  |

| | |
|---|---|
| ブックデザイン | 大郷有紀（ブレイン） |
| 編集協力 | 山下智子，金素楽 |
| 編集担当 | 斎藤俊樹（三修社） |

## CD付
## バッチリ話せるドイツ語

2009年8月20日　第1刷発行

| | |
|---|---|
| 監修者 | 本郷建治 |
| | 佐藤　彰 |

| | |
|---|---|
| 発行者 | 前田俊秀 |
| 発行所 | 株式会社三修社 |
| | 〒150-0001　東京都渋谷区神宮前2-2-22 |
| | TEL 03-3405-4511　FAX 03-3405-4522 |
| | 振替 00190-9-72758 |
| | http://www.sanshusha.co.jp/ |

| | |
|---|---|
| 印刷製本 | 壮光舎印刷株式会社 |
| ＣＤ制作 | 三研メディアプロダクト 株式会社 |

©2009 Printed in Japan
ISBN978-4-384-04249-8 C1084

〈日本複写権センター委託出版物〉
本書を無断で複写複製（コピー）することは、著作権法上の例外を除き、禁じられています。本書をコピーされる場合は、事前に日本複写権センター（JRRC）の許諾を受けてください。
JRRC〈http://www.jrrc.or.jp　email:info@jrrc.or.jp　Tel:03-3401-2382〉